A OUSADIA DOS CANALHAS
A Lava Jato que o Brasil não viu

"A trama urdida nos Estados Unidos, apoiada internamente por setores conservadores, teve como objetivo impedir a expansão do Brasil como potência no tabuleiro geopolítico global."

Gleisi Hoffmann

APRESENTAÇÃO

O Brasil é vítima hoje de uma política de destruição nacional, iniciada antes mesmo do golpe do impeachment da presidenta Dilma Rousseff, quando o combate à corrupção serviu de pretexto para implodir o país. Foi essa política que levou ao comando da Nação a extrema-direita encarregada de adotar uma agenda neoliberal nefasta para a soberania e os direitos do povo brasileiro, que vinha sendo derrotada nas urnas desde 2002.

É disso que trata o livro "A Ousadia dos Canalhas – A Lava Jato que o Brasil não viu", do jornalista Fernando Rosa. A obra traz uma coleção de artigos sobre a origem do processo judicial que resultou no desmanche de setores estratégicos da economia brasileira e resultou na ascensão de Jair Bolsonaro ao Palácio do Planalto.

O articulista aponta como as decisões judiciais da Lava Jato, definidas de maneira arbitrária e ilegal, foram deliberadamente executadas para submeter o Brasil ao velho papel de colônia. Tais ações levaram à criação de ambiente propício para o Golpe de 2016 e a ilegal prisão do ex-presidente Luiz Inácio Lula da Silva, condenado mesmo sendo inocente e impedido de concorrer à Presidência da República em 2018.

Observador atento da cena política nacional, Fernando Rosa mostra o papel de procuradores da República e de um obscuro juiz federal do Paraná, que alcançou o status de vigilante da Nação, para o eclipse do Brasil aos olhos do mundo. A trama urdida nos Estados Unidos, apoiada internamente por setores conservadores, teve como objetivo impedir a expansão do Brasil como potência no tabuleiro geopolítico global.

Os artigos foram escritos a partir de 2016, justamente quando Dilma foi arrancada do Planalto, em meio a um clima de histeria e de divisão da sociedade brasileira. No calor dos fatos, Fernando Rosa esteve atento às jogadas ilegais e apontou vícios no processo.

Isso tudo antes mesmo que viessem à tona as revelações sobre o conluio montado pela Lava Jato, conforme as denúncias que vieram à tona em 2019, trazidas pelo The Intercept Brasil e outros órgãos da imprensa nacional.

Para quem quer entender o que se passou no Brasil nos últimos seis anos e compreender o cenário atual, o livro de Fernando Rosa é um ponto de partida importante. A obra ganha relevância pela análise criteriosa e a percepção de que as jogadas judiciais são o pano de fundo de uma guerra híbrida no maior país da América do Sul.

Gleisi Hoffmann
Presidenta Nacional do Partido dos Trabalhadores
Agosto de 2019

SUMÁRIO

A INCONFIDÊNCIA,
A GUERRA DO IRAQUE
E A LAVA JATO
14 set 2016

O instituto da delação "premiada" para atender interesses dos poderosos não é novidade na história do Brasil. Foi aplicada durante a Inconfidência Mineira, no julgamento fraudulento que condenou Tiradentes à forca. O delator-beneficiário na época, Silvério dos Reis, denunciou os rebeldes e foi recompensado por isso. Teve suas dívidas perdoadas, ganhou ouro, uma mansão e cargo público. Ou seja, vendeu sua versão dos fatos, independente ser correta ou não.

A atual Operação Lava Jato aplicou a instituição para levar a cabo a sua guerra contra os interesses nacionais. Pautada pelas escutas da NSA (National Security Agency), sob o comando de Sérgio Moro, treinado nos EUA, a operação usou e abusou da delação premiada. A cidade de Curitiba, transformada em uma espécie de Guantánamo, abrigou a masmorra moderna que levou dezenas de empresários a falar o que os interrogadores queriam ouvir. Os que resistiram, como Marcelo Odebrecht, estão presos há mais de um ano.

A Operação Lava Jato é o míssil teleguiado da invasão americana que está destruindo o Brasil sem precisar de "mariners" ou jogar bombas sobre o território nacional, como fizeram no Iraque e na Líbia. Ainda em ação, Sérgio Moro e seus agentes são os principais responsáveis pela destruição de boa parte da indústria nacional e pelo desemprego dos trabalhadores. Aliada ao Judiciário, com o Procurador Geral da República à frente, setores do STF e a mídia golpista, a Operação Lava Jato mirou nos principais centros de desenvolvimento nacional, em especial na Petrobras e nas empreiteiras, com repercussão na infraestrutura e na Defesa.

Se alguém ainda tem dúvida sobre isso, basta lembrar que os alvos centrais dos disparos da Operação Lava Jato foram o empresário Marcelo Odebrecht, o Almirante Othon e o ex-presidente Lula -agora, o alvo central de uma fraude acusatória. Exatamente as três lideranças que se destacaram no processo de construção de uma política de desenvolvimento independente. Um presidente da maior empresa nacional, outro responsável pelo desenvolvimento do submarino nuclear brasileiro e o terceiro por valorizar o Brasil no contexto internacional e resgatar o espírito de Nação.

A hipocrisia da Operação Lava Jato está diretamente relacionada com o grau de seletividade das suas ações, ou melhor, suas perseguições. Qualquer brasileiro minimamente informado sabe como funciona o sistema político e, em particular, o financiamento eleitoral. A farsa dos golpistas ainda é maior quando, depois da Lava Jato promover a desordem no país, agora apostam em legalizar o "caixa 2". Assim como ocorreu com as "pedaladas"; antes não podia, era crime, mas, depois de afastar Dilma, o Senado Federal aprovou uma lei para regulamentar.

O maior problema, no entanto, é talvez a ilusão de setores que embarcaram em um republicanismo de ocasião, que atendeu apenas aos interesses golpistas. Nessas condições, a defesa indiscriminada da Lava Jato leva à paralisia diante da sua responsabilidade pela crise que se aprofunda no Brasil. Ao não ter isso claro, a esquerda corre o risco de ser acusada pelo desastre econômico e social do país. Se alguém tem culpa no cartório é quem promoveu a destruição de empresas nacionais. É quem vendeu o Brasil para a nova "Coroa". E tem que pagar por isso.

A LAVA JATO OU O BRASIL
15 set 2016

"A Lava Jato é maior que nós"?

Esta não pode ser sua desculpa. Tamanho, Senhor Procurador-Geral da República, é muito relativo. A Lava Jato pode ser enorme para quem é pequeno, mas não é para o Senhor, como espero conhecê-lo. Nem pode ser para o seu cargo, que lhe dá a responsabilidade de ser o defensor maior do regime democrático (art. 127 da CF) e, devo-lhe dizer, senti falta de sua atuação questionando a aberta sabotagem à democracia. Por isso o comparei a Pilatos. Não foi para ofendê-lo, mas porque preferiu, como ele, lavar as mãos.

– Procurador e ex-Ministro da Justiça Eugênio Aragão em carta-resposta ao Procurador Geral da República Rodrigo Janot.

O questionamento de Aragão ao Procurador Geral da República, Rodrigo Janot, encerra o grande mistério da guerra política instalada no Brasil atualmente. Ela ganha ainda mais sentido depois do circo fascista armado por seus procuradores para incriminar Lula, na tarde desta quarta-feira. Se alguém ainda tem alguma ilusão republicana em relação a Operação Lava Jato é bom acordar antes que ela cumpra com seus famigerados objetivos.

Se "a Lava Jato é maior do que nós", ela está acima dos poderes institucionais constituídos, ou seja, além dos interesses nacionais, em todos os sentidos. A confissão de Janot apenas confirma que a

Operação Lava Jato funciona, desde sua origem, segundo ordens externas, com objetivos anti-nacionais. Não é de hoje que jornalistas identificam a NSA na origem da operação e questionam as ligações do juiz Sérgio Moro com autoridades norte-americanas, além das suas repetidas viagens aos EUA.

Além do seletivo e persecutório "combate a corrupção", já tornaram-se evidentes as consequências econômicas das ações promovidas pela Operação Lava Jato. Ao atacar a Petrobras, apostou em paralisar a empresa, inviabilizar a política de "conteúdo nacional" e facilitar a entrega do Pré-Sal. Atingir as empreiteiras, em especial a Odebrecht, teve, e continua tendo, como objetivo quebrar a infraestrutura nacional e abrir o mercado para as empresas estrangeiras.

Ao condenar o Almirante Othon, a Operação Lava Jato investe contra 40 anos de pesquisa nuclear no Brasil, iniciadas nos anos 70, sob a perseguição da CIA, em território nacional. A ação resulta na desmoralização das FFAA e na fragilização da política de Defesa Nacional, fundamental nos tempos modernos. Atingir Angra 3 e o desenvolvimento do submarino nuclear agride a soberania nacional como poucas vezes alguém ousou fazer na história do Brasil.

A presepada armada contra Lula, logo após a cassação do deputado Eduardo Cunha, vem se somar a outras ações sincronizadas pelo "relógio" do procurador Janot. Além de arrebentar com a economia e jogar os trabalhadores no desemprego, a Operação Lava Jato tem que cumprir a meta final dos golpistas. É preciso, se possível, prender a liderança mais popular do país na Guantánamo de Curitiba para tentar sufocar a inevitável reação popular e afastar definitivamente o povo das decisões nacionais.

A estratégia dos mandantes e dos operadores do golpe de

Estado fica cada vez mais clara, exigindo o fim da Operação. Afastaram Dilma, cassaram Cunha, apostam em prender Lula para, em seguida, detonar Michel Temer e eleger um capanga qualquer pelo Colégio Eleitoral. Os interesses em jogo são tamanhos que talvez a subserviência do procurador Janot à "supremacia" da Operação Lava Jato seja o sinal definitivo para uma urgente e radical insurgência civil e militar em defesa da Nação.

MORO,
JAGUNÇO DO IMPÉRIO
22 set 2016

"O advogado de Mantega, José Roberto Batochio, disse que o ex-ministro foi preso no hospital Albert Einstein, no Morumbi, Zona Sul de São Paulo, onde estava com a mulher, que passou por uma cirurgia. "Ele está sendo retirado da sala de cirurgia por policiais nesse momento", disse Batochio ao G1 às 7h50.

A prisão reativou a Operação Lava Jato que estava parada e sinaliza nova ofensiva contra Lula. Dois dias antes, o juiz Sérgio Moro aceitou a denúncia e indiciou o ex-presidente. A nova fase da operação é desencadeada depois de Moro "dar palestra" nos Estados Unidos. Na ausência dele, os procuradores encaminharam a denúncia sem provas. Um roteiro de filme de quinta categoria sobre ações da CIA.

A prisão de Guido Mantega revela com mais profundidade o caráter americano do golpe de Estado no Brasil. A ação expõe o grau de perversidade da perseguição a Lula e a tudo que ele representa. É similar ao que fizeram em outros ataques a Nações do mundo, especialmente no Iraque e na Líbia. Lembram que enforcaram Saddan Hussein e explodiram a cabeça de Kadafi no meio da rua? É o nazi-fascismo-terrorista em marcha.

É disso que se trata, e sempre se tratou a Operação Lava Jato, saudada pela ilusão republicana. Não existe, nunca existiu, combate à corrupção, mas sim combate ao Brasil e ao seu desenvolvimento e a sua soberania. Em nome da Lava Jato, a indústria nacional foi destruída. O programa nuclear brasileiro foi paralisado e será definitivamente enterrado. A Defesa Nacional está sendo comprometida traiçoeiramente.

Já prenderem o principal líder da burguesia produtiva brasileira, Marcelo Odebrecht. Também condenaram covardemente a 43 anos de prisão o "pai do programa nuclear brasileiro", Almirante Othon. Agora, falta prender o terceiro alvo da Lava Jato, o ex-presidente Lula. A nova operação é para isso, para dar sentido "ao conjunto da obra". Afinal, Guido Mantega foi ministro de Lula.

O juiz Sérgio Moro não é um justiceiro, mas um jagunço do Império. É um agente a serviço da destruição da Nação brasileira. Instruído, treinado e preparado para dar sustentação ao golpe de Estado em curso. É da mesma laia de um Silvério dos Reis, dos volantes que mataram Lampião ou de um Cabo Anselmo. Senão o povo, pelo menos a história se encarregará dele. Do traidor de Tiradentes, nem o túmulo sobreviveu.

PS – O juiz Moro recuou de sua decisão e mandou soltar o ex-Ministro Mantega. Na verdade, o que ele fez, mais uma vez, foi promover um balão de ensaio, nos moldes da coerção de Lula em Congonhas. Antes de qualquer objetivo "eleitoral", o que buscou foi aumentar o cerco a Lula, prendendo um ex-ministro de seu governo. E testar os limites da resistência das lideranças e da população, que reagiram rapidamente, talvez principalmente pela truculência da "volante". Não estão dando mínima para as eleições, o que querem é pegar o peão. Mas quem mandou voltar atrás mesmo foi a Rede Globo.

MORO, O PODER
QUE VEM DO FRIO
24 set 2016

A medida que o golpe está chegando ao ápice, aumenta a percepção da figura nefasta do juiz Sérgio Moro. Não que ele tenha mudado, apenas radicalizou seu desempenho judicial-policial. Ele é o "dono da festa" e, no momento, estufa o peito e eriça a plumagem para (tentar) dar o bote final. É o fascismo em estado de graça.

O golpe de Estado só estará completo com a prisão de Lula, e essa agora é a sua tarefa principal, definida nos EUA na semana passada. A prisão do ex-ministro Guido Mantega foi um ensaio e um acercamento à sua presa. Assim como já havia agido quando da abortada prisão coercitiva de Lula, no aeroporto de Congonhas.

A prisão de Mantega dentro de um hospital e a decisão do TRF-4 definindo que a Lava Jato tem "excepcionalidade (legal) relativa" viraram o fio. Nesta semana, articulistas e políticos questionaram o "poder" sem limites do juiz. Nem o STF, exceto Gilmar Mendes, até agora esboçou qualquer reação ao seu comportamento ditatorial.

Mas afinal, qual é a fonte de tanto poder? Mais ainda, o que alimenta tanta desenvoltura em atropelar a tudo e a todos? Se não é a força da correta aplicação da Lei, o que ou quem garante a sua retaguarda? Sim, o apoio da Rede Globo é importante para fortalecer sua imagem. O PSDB, quem sabe...

As sucessivas viagens aos Estados Unidos, no entanto, são a melhor pista para entender a arrogante segurança de Moro. Não é de hoje que suspeita-se de que a Lava Jato é uma encomenda do Departamento de Estado americano. Um pacote fechado que a NSA (National Security Agency) com suas escutas telefônicas entregou para ser executado.

"Foi logo depois do junho de 2013 que as investigações avançaram", lembrou a jornalista Tereza Cruvinel, em artigo recente. A partir da prisão do doleiro Alberto Yousseff, que nada tinha a ver com a Petrobras, estranhamente a investigação foi parar em Curitiba. O juiz natural deveria ser do Rio de Janeiro, sede da empresa.

Em 2009, Moro participou de seminário promovido pelo Departamento de Estado dos EUA, no Rio de Janeiro. Recentemente, verificou-se que sua participação se deu na condição de "palestrante". O seminário era destinado a treinar juízes, procuradores e policiais federais no combate à lavagem de dinheiro e contraterrorismo.

Acrescente-se a isso a velha máxima de que "informação é poder". Se é verdade que a NSA abasteceu a Lava Jato, não deve ter ficado só nisso. Quantas figuras da República, quantas instituições podem ter sido alvos da espionagem? Talvez isso explique a covardia generalizada. Não apenas diante de Moro, mas do golpe de Estado.

A Operação Lava Jato não existe para combater a corrupção, mas para destruir as conquistas da Nação brasileira – na produção, na defesa nacional, na educação. A compreensão do papel de Moro ajuda a entender a dimensão do golpe de Estado. Estamos no centro de uma guerra geopolítica que ameaça a integridade nacional. E toda guerra tem heróis e traidores.

PRENDER LULA
E LIQUIDAR DEFESA
26 set 2016

A nova operação da Lava Jato disparada hoje pela dupla Moro-Moraes tem objetivos que vão além do óbvio cerco ao Lula, para tentar prendê-lo. O porta-voz golpista O Antagonista não conseguiu esconder ao revelar que, entre outras coisas, a operação investiga "negócios envolvendo o programa de desenvolvimento de submarino nuclear – PROSUB". Talvez queiram reeditar o argumento das "armas químicas" para acusar Lula, o Almirante Othon e o Brasil de significar uma "ameaça à paz mundial". Com isso, já não restam mais dúvidas de que entre as encomendas da Lava Jato está dar fim ao projeto de pesquisa nuclear do País.

Diz o pasquim virtual que a Lava Jato "descobriu" que Antônio Palocci "atuou em favor dos interesses do Grupo Odebrecht, entre 2006 e o final de 2013 . No fundo, eles acusam Palocci de ter sido um bom ministro, que articulou os negócios do Estado brasileiro e das empresas produtivas nacionais nas mais importantes frentes de desenvolvimento, como o Pré-Sal, o submarino nuclear e o promissor mercado africano. Ao agir assim, querem aplicar aos operadores de Governos a lógica do Caixa 1 x Caixa 2, onde a ação institucional de governantes é crime e a "meganhagem" é premiada com "delações" milionárias.

A história de como a Operação Lava Jato chegou até o submarino nuclear e resultou na condenação e prisão (perpétua?) do Almirante Othon a 43 anos é estranha desde sua origem. Em 2015, a agenda externa do "estado paralelo", já em vigor, levou o Procurador Geral da República Rodrigo Janot até Leslie Caldwell, procuradora-adjunta da Divisão Criminal do Departamento de Justiça dos EUA. Até ser indicada ao cargo pelo presidente

Obama, em 2014, ela havia sido sócia do escritório Morgan Lewis de NY, especializado em contenciosos no setor de energia, especialmente nuclear. Em seguida, a República de Curitiba deflagrou a "Operação Radioatividade" para investigar suspeitas na área nuclear.

O Almirante Othon é o fundador e responsável pelo Programa de Desenvolvimento do ciclo do combustível nuclear e da propulsão nuclear para submarinos da Marinha do Brasil entre 1982 e 1984, diz o Wikipedia. Sob seu comando, o programa levou ao desenvolvimento de centrífugas de enriquecimento de urânio. Ele foi diretor de pesquisas de reatores do Instituto de Pesquisas Energéticas e Nucleares entre 1982 e 1984, época em que foi ativamente vigiado pela CIA. A agência americana mantinha um agente, Ray H. Allar, morando no apartamento ao lado do seu, em São Paulo. Um dos maiores cientistas nucleares do mundo, em 1994 foi condecorado com a grã-cruz da Ordem Nacional do Mérito Científico, pelo então presidente Itamar Franco.

"Não é crível supor que Janot tenha participado de uma conspiração internacional. É mais certo que o açodamento e a desinformação tenham feito Janot tornar-se inadvertidamente um instrumento de um jogo geopolítico internacional, no qual o interesse do país foi jogado para terceiro plano", escreveu o jornalista Luis Nassif, no site GGN em 1 de agosto de 2015. Também dando o direito à dúvida, talvez não seja tão crível que a última viagem do juiz Sérgio Moro aos EUA nada tenha a ver com as subsequentes prisões dos ex-ministros Guido Mantega e, agora, Antônio Palocci, envolvendo-o com a Odebrecht e o projeto de submarino nuclear.

"ESTADOS UNIDOS DO BRASIL"
26 set 2016

O golpe de Estado em curso tem dois padrinhos de honra: Juracy Magalhães e José Serra. Um – em memória – foi o primeiro ministro de Relações Exteriores após o golpe de 1964. É dele a frase: "O que é bom para o Brasil é bom para os Estados Unidos". José Serra, aquele que não sabe o que é o BRICS, é o primeiro ministro de Relações Exteriores do novo golpe de Estado. É dele a expressão: "Estados Unidos do Brasil", referindo-se ao nosso país – República Federativa do Brasil.

A irônica introdução é para não deixar qualquer dúvida sobre o fato de que, além de um "golpe americano", enfrentamos atualmente a tentativa de impor um Estado dentro de outro Estado. O que sucedeu ao golpe de 1964 foi uma ditadura contra os direitos democráticos, mas que manteve intacto o Estado Nacional. Atualmente, assistimos a incessante busca de criar um "estado paralelo", um novo Estado, os Estados Unidos do Brasil.

A Operação Lava Jato e a mídia golpista encarregaram-se de atacar a economia, as instituições, as lideranças políticas e populares. Ameaçam aniquilar com a política de Defesa, com a indústria nacional, com a Educação Pública, com o acesso à saúde e com os direitos sociais e trabalhistas. Promoveram um golpe de Estado e agora apostam em consolidar a ocupação com a prisão de Lula e outras patifarias. Como se vê, funciona como uma milícia paraestatal a serviço do Império.

O juiz Sérgio Moro é o "mariner", quase um espião, mais exposto da invasão norte-americana. É difícil explicar o que um juiz de primeira instância, de um estado periférico, tanto faz nos EUA, e sempre em momentos decisivos da Operação Lava Jato. Quem convida, quem são os laranjas anfitriões, quem paga as passagens, os hotéis? Se fala em nome do Brasil, com que autoridade constitucional, legal? E, principalmente, com quem ele se encontra por lá?

Uma parte expressiva do Judiciário também opera para consolidar a nova ordem invasora. O TRF da 4ª Região, por exemplo, fez da Operação Lava Jato um "território livre" da Constituição Federal. A Lava Jato é como um enclave (i)legal dentro do território jurídico-policial brasileiro. Uma espécie de Hiléia Amazônia, armação institucional dos EUA para apropriar-se da Amazônia, no final dos anos 40, barrada pelo Comando Maior do Exército.

Para completar, o procurador Deltan Dallagnol atacou as bases da Nação brasileira, dando ares históricos para sua viralatice sabuja. Segundo ele, quem veio de Portugal para o Brasil foram degredados, criminosos – "responsáveis pela corrupção". "Quem foi para os Estados Unidos foram pessoas religiosas, cristãs, que buscavam realizar seus sonhos, era um outro perfil de colono". Os brasileiros, os "Silvas", os heróis nacionais – civis e militares, a Igreja Católica agradecem a deferência.

Pautada desde fora, a Operação Lava Jato não tem, e nunca teve por objetivo combater a corrupção. Até porque corrupção se combate com desenvolvimento, educação e leis adequadas. A ação do juiz Sérgio Moro apenas destrói empresas, compromete a defesa nacional e promove a instabilidade institucional. Serve aos interesses geopolíticos dos EUA para afastar o Brasil de seu protagonismo histórico. E condensa em si a pior das corrupções, que é a da traição à Pátria.

LAVA JATO: TORTUOSA, SELETIVA E LESA-PÁTRIA

26 set 2016

"O ex-deputado e ex-ministro da Fazenda e da Casa Civil Antonio Palocci é acusado de receber propina para trabalhar pela Odebrecht dentro do governo e no Congresso Nacional. Mas como não foram encontradas provas do recebimento dessas quantias, Palocci deve ficar preso, "enquanto não houver tal identificação".

Essa é a motivação, segundo o site da Conjur, usada pelo juiz Sergio Moro, titular da 13ª Vara Federal Criminal de Curitiba, onde corre a maioria dos processos da "Lava Jato", para mandar prender o ex-ministro. Algo parecido foi alegado contra o também ex-ministro da Fazenda Guido Mantega, na semana passada, alvo de uma prisão arbitrária e covarde dentro da sala de cirurgia de um hospital, onde acompanhava sua mulher.

"A Lava Jato é uma das operações mais tortuosas da história do Ministério Público", sentenciou o subprocurador da República e ex-ministro da Justiça do governo de Dilma Rousseff, Eugênio Aragão. "A gente sente claramente que os alvos são escolhidos. Há delações claras em relação a outros atores que não pertencem ao grupo do alvo escolhido e que simplesmente não são nem incomodados", completa.

Ambos os casos são mais dois exemplos da prática "tortuosa" do Enclave de Curitiba com o objetivo de "construir" uma situação, mesmo que farsesca, para tentar prender o ex-presidente Lula, a meta final da Operação. As duas prisões foram realizadas após mais uma viagem de Moro aos Estados Unidos, para onde vai sempre que a operação entra em descompasso, ou que novas decisões precisam ser tomadas para fazer andar o golpe.

É gritante a coincidência entre mais essa viagem, a denúncia dos procuradores, na semana de sua ausência, sem provas, apenas baseada em convicções, e as duas operações desencadeadas posteriormente. Mas a sintonia não é apenas externa, ela também está articulada com os golpistas, como evidenciaram a divulgação antecipada do ministro da Justiça e a notícia de que Temer é informado sistematicamente sobre o andar das operações.

Já não resta mais qualquer dúvida de que a Operação Lava é um "enclave" jurídico-policial dentro da sociedade brasileira, sob encomenda das grandes corporações, do Departamento de Estado americano e suas agências. No final dos anos quarenta, os americanos tentaram emplacar o enclave da Hiléia Amazônica para controlar as riquezas da região, mas foram derrotados pela ação do senador Artur Bernardes e do Comando Maior do Exército.

Hoje, a ameaça é muito mais grave, envolvendo o destino do País, das suas indústrias, da Defesa Nacional, da educação e da soberania nacional. Diante disso, do fato de que algumas gerações de brasileiros serão afetadas, é preciso denunciar o golpe em sua real dimensão histórica. E construir um Projeto de Nação, amplo, com todas as forças patrióticas, que responda às necessidades do povo brasileiro.

CRIME E CASTIGO
22 nov 2016

Originada em 2009, a operação Lava Jato somente ganhou força em julho de 2013 e, em 17 de março de 2014, foi deflagrada a primeira fase ostensiva da operação, com foco na Petrobras, em Angra 3, na Eletronuclear e nas empreiteiras nacionais. A operação começou com a investigação de crimes de lavagem de dinheiro envolvendo o ex-deputado federal José Janene, em Londrina, no Paraná, e os doleiros Alberto Youssef e Carlos Habib Chater.

Segundo o Ministério Público Federal, "em julho de 2013, a investigação começa a monitorar as conversas do doleiro Carlos Habib Chater. Pelas interceptações, foram identificadas quatro organizações criminosas que se relacionavam entre si, todas lideradas por doleiros. A primeira era chefiada por Chater (cuja investigação ficou conhecida como "Operação Lava Jato", nome que acabou sendo usado, mais tarde, para se referir também a todos os casos)".

Em maio 2013, Edward Snowden entregou ao jornalista Glenn Greenwald, atualmente editor do portal The Intercept Brasil, e à cineasta e jornalista Laura Poitras documentos que comprovavam a existência do projeto de monitoramento global, denominado PRISM. Por meio do programa, o governo dos Estados Unidos monitorou as conversas telefônicas e transmissões na Internet de cidadãos dos EUA e de outros países.

"Os vazamentos mostraram que a NSA não estava apenas rastreando terroristas, mas vigiando líderes mundiais, como a então presidente Dilma, e grandes corporações, como a Petrobras". A constatação é do filme "Snowden", e de seu diretor, o cineasta norte-americano Oliver Stone, segundo matéria do jornalista Maurício Stycer, no portal UOL, no início de novembro.

Em recente entrevista ao jornal Estadão, o presidente do banco Goldman Sachs no Brasil, Paulo Leme, dimensionou as consequências da operação Lava Jato para a economia do país. Segundo ele, "quando a gente olha, na economia brasileira, 50 anos de formação bruta de capital fixo (indicador que mede a capacidade produtiva), vê que metade vem de empreiteiras, vem do setor da construção".

"A Lava Jato se gaba de ter trazido para o país cerca de R$ 2 bilhões supostamente usurpados. Mas o que dizer da quebradeira da indústria naval e do desemprego na construção civil? O pré-sal alavancou a indústria naval e veio a investigação e acabou com tudo", advertiu o procurador e ex-ministro da Justiça, Eugênio Aragão, em entrevista ao blog Viomundo, em setembro de 2016.

Ao atingir a Odebrecht, com a imediata prisão de seu presidente Marcelo Odebrecht, a operação Lava Jato também investiu contra uma área estratégica para a defesa nacional. A empreiteira cumpria o papel de empresa-mãe do projeto de construção do submarino nuclear brasileiro, liderado pelo Almirante Othon, igualmente preso.

"A Lava Jato terá um saldo negativo que vamos pagar por algumas décadas; não se pode matar uma barata com um lança chamas colocando fogo na casa toda", alertou Aragão, na mesma entrevista. Além de acordos de leniência para recuperar as empresas, é preciso apurar e punir as responsabilidades, em especial do judiciário brasileiro, nesse crime de lesa-Pátria.

VICHY AGAIN?
24 nov 2016

"A palavra colaboracionismo deriva do francês 'collaborationniste', termo atribuído a aquele que tende a auxiliar ou cooperar com o inimigo", define a enciclopédia Wikipedia. Segundo a enciclopédia, os colaboracionistas agem, entre outras razões, para "obter lucros, enriquecimento e favores do inimigo". Ainda de acordo com a Wikipedia, os colaboracionistas "frequentemente assimilam a ideologia e o comportamento do invasor". O termo foi introduzido durante a República de Vichy (1940-1944), sob comando do marechal Philippe Pétain, vergonhoso regime francês de colaboração com os nazistas.

Não vivemos exatamente em uma guerra aberta, com foi a Segunda Guerra Mundial, mas enfrentamos um ataque sem precedentes da gangue imperial rentista. Ao contrário do Iraque e da Líbia, por exemplo, não sofremos bombardeios aéreos, nem chuva de mísseis teleguiados, nem invasão de mariners. Os métodos são mais sofisticados, talvez, utilizando-se de "primaveras" fakes, da corrupção da mídia local e do financiamento de parlamentares. Ou, mais grave, da captura do sistema judicial do país, desde um juiz de primeira instância até a Suprema Corte da Nação.

O colaboracionismo de "autoridades" brasileiras ganhou contornos de escândalo nesta semana, com os depoimentos de vários delatores da Operação Lava Jato. Alguns dos mais importantes deles, mesmo sob a censura aberta do juiz Sérgio Moro, confessaram assinatura de acordos de delação com instituições dos EUA. Ao mesmo tempo, admitiram a participação do Ministério Público Federal nos processos. Tal situação contraria acordo firmado em 2001, entre os dois países, segundo o qual o Ministério da Justiça do Brasil é a única autoridade competente nesses casos.

Além de levar à falência as empresas detentoras de metade do capital produtivo nacional, a "República de Curitiba" ainda está patrocinando um novo ataque à Petrobras. Segundo o advogado de Lula, Cristiano Zanin, "ações bilionárias contra a Petrobras foram abertas nos Estados Unidos, usando de elementos enviados pelo juiz Sergio Moro". Segundo matéria da Folha de S. Paulo, Zanin já havia abordado a colaboração da Lava Jato com autoridades norte-americanas na semana passada, na sede da ONU, em Genebra.

A iniciativa da "República de Curitiba" se torna ainda mais grave diante do histórico de desconfiança que envolve as suas ações ao longo da Operação Lava Jato, com as sucessivas viagens de seus "líderes" aos EUA. Ao mesmo tempo, paira sobre a Operação Lava Jato a suspeição de ter recebido um "pacote pronto", com objetivos e alvos determinados. Em seu filme "Snowden", Oliver Stone confirma o papel econômico e geopolítico da espionagem realizada pela NSA (National Security Agency). Em tempos modernos, nem mais crianças subestimam as novas tecnologias.

Não precisa também ser um expert em economia, política ou geografia para perceber que o Brasil desafiou o Império bélico-rentista comandado por Barack Obama e sua fiel e "guerreira" escudeira Hillary Clinton. Incomodou a descoberta do Pré-Sal, com a opção pelo regime de partilha, o fortalecimento da politica de defesa, em especial a indústria aeroespacial e o submarino nuclear, e a adesão ao BRICS. Na disputa contra o fim do mundo unipolar, com a ascensão econômica e militar da China e da Rússia, o Brasil é um peão estratégico na região e no mundo. Os golpistas apostaram contra isso, e alinharam-se servilmente ao fascismo global.

Acontece que Hillary Clinton e sua "gangue supranacional", como definiu Donald Trump, perderam a batalha das eleições norte-americanas, deixando os subalternos nativos em maus lençóis. Por isso, a urgência, o desespero, os "acordos secretos" para entregar o que prometeram antes que os ventos soprem contra os seus planos. O mais grave é que, diante da desenvoltura da ação das autoridades norte-americanas em território nacional, fica difícil não acreditar que a "parceria" vem de longe. O temor do juiz Moro nos depoimentos é o sangue no punhal.

"A Lava Jato é maior que nós"?

Lembram do questionamento do procurador e ex-Ministro da Justiça, Eugênio Aragão, em carta-aberta ao Procurador-Geral da República, Rodrigo Janot?

Na época, escrevemos:

– Se "a Lava Jato é maior do que nós", ela está acima dos poderes institucionais constituídos, ou seja, além dos interesses nacionais, em todos os sentidos.

Pois nesta semana, a ação ilegal, e traiçoeira, da República de Curitiba está vindo à tona, por meio da corajosa atuação dos advogados do ex-presidente Lula.

Nas audições do início da semana, eles interpelaram os delatores sobre "acordos de delação" com autoridades e instituições estrangeiras, especialmente norte-americanas. Em dois casos, os empresários foram calados pela ação anti-jurídica e destemperada do juiz Sérgio Moro.

Hoje, no entanto, dois delatores entregaram o jogo e, junto, o motivo do nervosismo do juiz Moro.

Segundo o site oficial de Lula, "o ex-gerente da Petrobras Pedro Barusco confirmou, atuando como testemunha em audiência de processo penal contra o ex-presidente Luiz Inácio Lula da Silva, que está negociando acordos de delação com mais de um país estrangeiro, a respeito das irregularidades de que teria participado na confecção de contratos da estatal".

Também em depoimento na Justiça Federal de Curitiba, o ex-diretor de Abastecimento da Petrobras, Paulo Roberto da Costa confirmou que fechou um acordo de colaboração com órgãos norte-americanos. Segundo ele, o acordo foi fechado com auxílio da Procuradoria-Geral da República, já tendo sido realizadas duas reuniões com autoridades dos Estados Unidos e do Brasil.

A reação arbitrária do juiz Sérgio Moro, censurando os delatores, portanto, tinha razão de ser.

A atuação conjunta – e informal – do Ministério Público Federal com autoridades norte-americanas contraria acordo firmado em 2001, entre os dois países. Segundo o acordo, o Ministério da Justiça do Brasil é a autoridade central e competente autorizada para tratar esse tipo de questão.

Ou seja, o "segredo" acompanhado de temor escondem a ilegalidade, ou quem sabe algo ainda mais grave.

É visível o desespero do juiz Sérgio Moro em seu papel de advogado dos delatores e, ainda mais grave, de protetor – ou seria preposto? -, dos "acordos sigilosos" com os Estados Unidos.

Não é de hoje, aliás, que paira um véu de suspeição sobre a atuação "paralela" do procurador Rodrigo Janot. A história de como a Operação Lava Jato chegou até o submarino nuclear é um exemplo disso.

Em 2015, a agenda externa do "estado paralelo", já em vigor, levou o Procurador Geral da República Rodrigo Janot até Leslie Caldwell procuradora-adjunta da Divisão Criminal do Departamento de Justiça dos EUA. Até ser indicada ao cargo pelo presidente Obama, em 2014, ela havia sido sócia do escritório Morgan Lewis de NY, especializado em contenciosos no setor de energia, especialmente nuclear. Em seguida, a República de Curitiba deflagrou a "Operação Radioatividade" para investigar suspeitas na área nuclear.

Aos poucos, depoimentos e fatos vão mostrando o verdadeiro caráter do golpe de Estado contra a Nação brasileira. E evidenciando a existência de um poder que age na obscuridade contra os interesses nacionais. O "Enclave de Curitiba".

Por muito menos, outros países metem na cadeia aqueles que comprometem os seus interesses.

O ENCLAVE DE CURITIBA
27 nov 2016

"Em geografia política, um enclave é um território com distinções políticas, sociais e/ou culturais cujas fronteiras geográficas ficam inteiramente dentro dos limites de um outro território". A simples e objetiva definição é da enciclopédia online Wikipedia.

Na história do Brasil, tivemos a tentativa de instalação de um enclave desse tipo. Foi nos anos quarenta, no pós-Segunda Guerra, com o Instituto Internacional da Hiléia Amazônica. Tratava-se de um projeto apresentado à Unesco, em 1946, pelo cientista brasileiro Paulo Estevão de Berredo Carneiro.

O projeto dava poder a todos os países com assento na ONU decidirem sobre assuntos que, em última instância, seriam do interesse dos países da região amazônica, em especial o Brasil. Em resumo, transferiam a soberania das decisões locais para o âmbito de uma "maioria externa", com isso instalando um enclave internacional na Amazônia.

O objetivo do projeto era realizar pesquisas nas áreas de botânica, química, zoologia, geologia, além de estudos etnográficos, com objetivo de "promover a preservação e a integração cultural" da região amazônica. Ou seja, assenhorar-se do território, de seu incomensurável patrimônio genético e, por certo, transferi-lo para os países de origem, no exterior, como ocorre hoje, apesar do esforço de vigilância, de forma ilegal.

Atualmente, vivemos a tentativa bem mais avançada da implantação de um enclave externo em território nacional. O que os procuradores chamam de "República de Curitiba", mas que, com o tempo, ganhou a estatura de "Enclave de Curitiba". A sua origem está na Operação Lava Jato, disparada a partir das espionagens da NSA, a Agência de Segurança dos EUA, segundo sugerem os vazamentos do Wikileaks.

Uma operação que nasceu sob o argumento de "combater a corrupção", mas que mostrou-se um monstrengo parcial, seletivo e autoritário em suas ações persecutórias. Em pouco mais de dois anos, dinamitou a economia nacional, paralisou a indústria de defesa e promoveu o desemprego de milhões de trabalhadores.

Aos poucos flagrado em sua ação lesa-Pátria, o "Enclave de Curitiba" cercou-se das ferramentas para promover suas ações, em especial o judiciário capturado e a mídia corrupta. Ao ponto do Tribunal Federal da 4ª Região considerar "que a Operação Lava Jato não precisa seguir as regras processuais comuns, por enfrentar fatos novos ao Direito".

Mais recentemente, o "Enclave de Curitiba" deu mais uma demonstração de seu descompromisso com a legislação nacional. Desrespeitando acordo internacional entre o Brasil e os Estados Unidos, está terceirizando as delações da Operação Lava Jato para instituições norte-americanas.

No caso da Hiléia Amazônica, a indisfarçável pretensão intervencionista não escapou ao Congresso Nacional, com destaque para o senador Arthur Bernardes, que acusou o projeto de imperialista. O papel decisivo nos acirrados debates, no entanto, coube ao Comando Maior do Exército, que soberanamente vetou a proposta e impediu a criação do instituto.

Em 1951, o projeto da Hiléia Amazônica foi arquivado pelo Congresso Nacional. Em lugar dele, o presidente Getúlio Vargas criou, um ano depois, o Instituto de Pesquisas da Amazônia - INPA.

A Operação Lava Jato ainda sobrevive da ilusão republicana de autoridades, da intimidação das lideranças políticas e da falsa missão vendida pela mídia golpista. Enquanto isso, segue provocando a falência de centenas de empresas e levando milhares de trabalhadores ao desemprego - só na Odebrecht já foram mais de 50 mil.

O país precisa encarar os fatos de frente, para impedir que a Nação brasileira seja destruída em nome de interesses externos cada vez mais evidentes. A Operação Lava Jato não pode ser maior do que o Brasil.

O CONTEXTO
27 nov 2016

O juiz Sérgio Moro insistiu sobre a existência de um "contexto", em uma das audiências no Enclave de Curitiba. Na falta de qualquer prova contra Lula, ele tenta reinventar a fraude de Joaquim Barbosa – da "teoria do fato". Alterado, ele chegou ao final da semana sem qualquer acusação, de nenhum dos depoentes, contra o ex-presidente.

Mas, já que o juiz Sérgio Moro alertou sobre a existência de um "contexto" vamos, pela primeira e única vez, concordar com ele. De fato, existe sim um "contexto" que, aos poucos, começa a ficar claro para os patriotas que acompanham a Operação Lava Jato. Um cenário que, a cada nova revelação, vai ficando mais suspeito e comprometedor.

Para começar a desenhar o "contexto", com a palavra o cineasta Oliver Stone, e seu filme "Snowden", que trata da espionagem dos EUA ao redor do mundo, por meio da NSA – vazadas pelo Wikileaks. Segundo Stone, foram espionados líderes políticos e empresariais e, depois, o resultado foi utilizado para golpes políticos e econômicos. No caso do Brasil, não é de hoje que se fala que a Operação Lava Jato é fruto disso.

A própria Operação Lava Jato, em seu início, contribui para dimensionar o "contexto" com as prisões de Marcelo Odebrecht e do Almirante Othon. Um, o maior empresário do país, cabeça de um setor empresarial responsável por metade do capital produtivo nacional. Outro, antigo alvo da CIA, e responsável pelo desenvolvimento da tecnologia nuclear no país, ou seja, pelo submarino nuclear.

Também colabora para desenhar o "contexto" o caráter seletivo e persecutório da Operação Lava Jato, sob o comando do juiz Sérgio Moro. Qualquer cidadão sabe que a corrupção é sistêmica, mas o Enclave de Curitiba só tem olhos para delações que atinjam o PT, antes, e agora, o PMDB. A "parceria" com a mídia corrupta, em especial com a Rede Globo, define ainda mais os contornos do "contexto".

Ainda, no "contexto", estão as sucessivas viagens aos Estados Unidos, antes ou depois da deflagração de ações contra as principais autoridades nacionais. Também os constantes vazamentos de informações para órgãos de imprensa, com claros fins de intimidação. Some-se a isso a terceirização ilegal e "secreta" de acordos de delação com autoridades norte-americanas, contra a Petrobras.

Vale ainda incluir no "contexto" a destruição da infraestrutura, da indústria naval, da construção civil e a ameaça à indústria de defesa nacional patrocinada pela Lava Jato. Apenas a Odebrecht demitiu cerca de 50 mil trabalhadores, e a decorrente crise já produziu o maior desemprego da história. O caos econômico e social do Rio de Janeiro, em particular, também faz parte do "contexto".

"A Lava Jato terá um saldo negativo que vamos pagar por algumas décadas", denunciou o procurador e ex-Ministro da Justiça, Eugênio Aragão. Esse é o único e verdadeiro "contexto" existente, pelo qual o Enclave de Curitiba terá de responder perante a história do país, em tempo muito breve. Um "contexto" de agressão à soberania nacional, à economia, à justiça e aos cidadãos.

SEGURO-TRAIÇÃO

1 dez 2016

Trata-se de uma "briga de bugios", como dizem os gaúchos, a queda de braço entre o Enclave de Curitiba e o Congresso Nacional, em torno das "10 medidas" apresentadas pelos procuradores, em votação no Parlamento. De um lado, procuradores, sem voto, mas dizendo-se amparados em um midiático "apoio popular". De outro, os parlamentares acusados de tentarem "intimidar" os procuradores para livrarem-se das garras da Lava Jato. A bem da verdade, nem uma coisa nem outra, ou as duas coisas ao mesmo tempo.

Independente de qual seja o interesse dos parlamentares, as medidas propostas atendem a um particular desejo dos procuradores por afirmar seu poder corporativo. "Por detrás de tudo está um projeto de poder corporativo, que torna os órgãos do complexo policial-judicial intangíveis pelos abusos que vêm cometendo em suas ruidosas investigações por forças-tarefa", adverte o procurador e ex-ministro da Justiça, Eugênio Aragão. As medidas vieram após a instalação permitida pelo TRF4 de um "estado de exceção" na República de Curitiba.

Ainda de acordo com o ex-ministro da Justiça Eugênio Aragão, os procuradores "pretendem aproveitar provas ilícitas, querem o poder de amplo plea bargain a condenar cidadãos por acordos que dispensem a instrução criminal, sonham em poder armar situações de ofertas ilusórias de peita para testar a integridade de funcionários, gostariam de tornar o habeas corpus mais burocrático, impedindo juízes de concedê-lo ex officio sem audiência prévia do ministério público e por aí vai".

Se parte dos parlamentares busca fugir de punições, ou "estancar a sangria" da Lava Jato, é um fato a ser considerado, além das razões técnicas, jurídicas e legais. Mas, cada vez mais claras, são as razões para que juízes e procuradores envolvidos na Operação Lava Jato busquem a proteção do poder absoluto, diante de um futuro julgamento da história e, principalmente, dos homens. A operação Lava Jato, a cada dia, mais configura-se um "enclave" voltado para atender interesses externos.

Em pouco mais de dois anos, além de seletiva e persecutória, a ação da Operação Lava Jato devastou a economia brasileira de uma maneira irresponsável e criminosa. Atacou alvos estratégicos como a Petrobras, as empreiteiras nacionais, a indústria do petróleo, a indústria naval e a indústria de defesa nacional. Suas primeiras medidas foram aprisionar o presidente da Odebrecht – Marcelo Odebrecht, empresa líder das empreiteiras, e o Almirante Othon, o "pai do programa nuclear brasileiro".

Agravam os crimes cometidos pela Lava Jato o fato de suas ações ocorrerem em um momento de derrota da globalização e do neoliberalismo no mundo. Nos EUA, Trump aposta na economia nacional e no mercado interno, a China anunciou redução de investimentos externos e já caiu o nível de entrada de capitais no país. Quando mais o Brasil precisa de suas próprias forças, a Operação Lava Jato fragilizou ou mesmo destruiu o centro nervoso produtivo da Nação.

Ao que parece derrotada, a Operação Lava Jato também tinha, ou ainda tem, em sua encomenda a prisão do ex-presidente Lula. "Se os procuradores e o juiz do caso efetivamente buscassem uma investigação legítima e dentro do devido processo legal, não estariam focados em uma pessoa, mas sim em fatos", denunciou seu advogado, Cristiano Zanin. De fato, símbolo do Brasil moderno, em desenvolvimento e socialmente justo, Lula é o item nº 1 na lista dos alvos.

O destempero da mídia, o panelaço-gourmet desta semana e a promessa dos "coxinhas" de retornarem às ruas, apenas confirmam a simbiose entre a Lava Jato e o golpe de Estado. O "combate à corrupção", no fundo, é apenas o álibi para justificar ações contra o Estado brasileiro, nossa economia e instituições. Um jogo de interesse externo, do capital financeiro internacional e das grandes empresas, em especial das áreas de infraestrutura, petróleo e naval.

A ilusão "republicana" em relação ao caráter da Operação Lava Jato, por outro lado, expressa a falta de compromisso com a real defesa da Nação brasileira. É inaceitável, diante do papel cumprido pela Operação Lava Jato até agora, acreditar em boas intenções vindas de seus juízes e procuradores. Se os parlamentares que deram o golpe não merecem qualquer confiança, menos ainda quem promoveu um ataque deliberado ao Estado nacional.

A reação dos parlamentares, por mais "interesseira" que possa ser, tem um fundo de revolta das instituições políticas à tentativa de imposição da ditadura do judiciário. Depois do golpe de Estado, com a destituição da autoridade máxima da Nação, por eles mesmos bancado, passou a imperar o "vale-tudo". A esculhambação geral, onde nenhuma instituição é respeitada, especialmente aquelas que, ao contrário de juízes e procuradores, resultam do voto popular e, por isso, mal ou bem, representam a sociedade.

O impasse, a dúvida, que existe na cabeça do povo, da Nação é resultado da dificuldade em compreender a real dimensão do golpe de Estado e o papel de seus operadores, em especial da Lava Jato. É fundamental, então, esclarecer a quem interessa o golpe, quais os interesses envolvidos, quem está por trás. Ou se faz isso, ou a sociedade só terá olhos para os pequenos ladrões, e continuará confundindo bandidos com "mocinhos", ou pior ainda, tratando alguns deles como heróis.

ANTES QUE A CASA CAIA

4 dez 2016

Os operadores da Operação Lava Jato armaram um circo nos últimos dias, defendendo a ampliação do "estado de exceção" com suas "10 medidas" autoritárias. Ao mesmo tempo, buscam institucionalizar o "abuso de poder", o FASCISMO, como método de atuação judicial-policial.

O que parece ser uma demonstração de força do Enclave de Curitiba, do juiz Sérgio Moro e dos procuradores, pode ser exatamente o contrário. A investida contra o Congresso Nacional, incluindo o evidente patrocínio das manifestações deste domingo, expõe a tática de atacar antes que a casa caia.

Assim como a derrota de Hillary Clinton deixou os golpistas sem projeto político ou econômico, deve ter balançado as pontes secretas entre as agências de inteligência. Não é de hoje que a Operação Lava Jato é vista como uma espécie de artilharia do golpe de Estado e aríete dos interesses econômicos norte-americanos.

"A quem serve o juiz Sérgio Moro, eleito pela revista Time um dos dez homens mais influentes do mundo? A que interesses serve com a Operação Lava-Jato?, questiona o historiador Moniz Bandeira. "A quem serve o procurador-geral da República, Rodrigo Janot?", continua ele, em entrevista ao Jornal do Brasil.

"Ambos atuaram e atuam com órgãos dos Estados Unidos, abertamente, contra as empresas brasileiras, atacando a indústria bélica nacional, inclusive a Eletronuclear, levando à prisão seu presidente, o almirante Othon", completa ele. Para o historiador, por meio da NSA, os EUA abasteceram a Lava Jato, e também treinaram seus operadores.

O que deve estar preocupando o Enclave de Curitiba, em especial o juiz Sérgio Moro, são as consequências da devastação econômica causada pelas suas ações irresponsáveis. Em qualquer país do mundo, um juiz de 1ª Instância não faria o que ele fez, e se o fizesse já estaria preso por atentado à economia e à soberania nacional.

"Os prejuízos que causaram e estão a causar à economia brasileira, paralisando a Petrobras, as empresas construtoras nacionais e toda a cadeia produtiva, ultrapassam, em uma escala imensurável, todos os prejuízos da corrupção que eles alegam combater", denuncia o historiador Moniz Bandeira. Apenas a Odebrecht demitiu mais de 50 mil trabalhadores em consequência dos ataques da Lava Jato.

Ainda de acordo com Moniz Bandeira, "o que estão a fazer é desestruturar, paralisar e descapitalizar as empresas brasileiras, estatais e privadas, como a Odebrecht, que competem no mercado internacional, América do Sul e África". Faz parte da estratégia, o ataque a Lula por ter apoiado a abertura de mercados para as empresas brasileiras no exterior.

A ameaça de demissão coletiva dos procuradores e o pedido de "férias sabáticas" de Sérgio Moro são um aviso aos seus patrocinadores e parceiros do desmonte do Brasil. Eles querem, além de proteção, seguir juntos, e mandar mais, se o PSDB conseguir emplacar o segundo turno do golpe, com a degola de Temer.

AS BRUXAS ESTÃO SOLTAS
6 dez 2016

A Força Tarefa da Operação Lava Jato foi "premiada" pela entidade Transparência Internacional como "a maior iniciativa contra a corrupção no mundo", festejou a mídia golpista dias antes da nova ofensiva da operação. Os procuradores receberam o prêmio no Panamá no último sábado (3), antecipando as manifestações de domingo em defesa da Operação Lava Jato (4). Na segunda-feira (5), o afastamento do presidente do Senado Federal, Renan Calheiros, resistente às suas medidas de arbítrio e abuso de poder, fechou a escalada.

Segundo o jornal Estadão, "a entidade havia recebido 560 nomeações de iniciativas de combate à corrupção, entre elas a investigação conduzida por 185 jornalistas de todo o mundo sobre os 'Panama Papers' ou iniciativas na Turquia". Evidenciando mais uma vez o "caráter internacional" da operação Lava Jato, e o interesse externo em seus desdobramentos, a entidade optou por dar o prêmio aos procuradores de Curitiba. Interferindo na institucionalidade do país, a Ong definiu a escolha devido ao "momento em que a tensão entre os poderes no Brasil aumenta".

O novo fato não apenas reforça as conexões internacionais da Lava Jato, como abre uma frente de questionamentos ainda maior sobre os interesses que estariam por trás dela. Entre outros "parceiros", a Ong Transparência Internacional é financiada pelas petroleiras Shell e BP (British Petroleum), por grandes especuladores como George Soros e também pelos Departamento de Estado dos EUA e da Inglaterra, além do banco HSBC – veja aqui, no item 17. Na maioria dos casos, beneficiários diretos dos ataques da Lava Jato à Petrobras e do desmonte da indústria de infraestrutura, naval, aeroespacial e nuclear.

"Duas estranhas características marcam a atividade desta Ong norte-americana, que se diz disposta a combater a corrupção", já advertia Bernard Cassen, ex-diretor geral de Le Monde Diplomatique, em artigo publicado em 2001. Segundo Cassen, "ela protege os corruptores e cala diante dos 'ajustes estruturais', que promovem transferência brutal de renda em favor das grandes empresas", denunciou no artigo "Transparência Internacional" ou cortina de fumaça?". No caso do Brasil, passados 15 anos, a descrição do papel da Ong define perfeitamente a combinação da Operação Lava Jato com o golpe de Estado em curso.

Segundo o historiador Moniz Bandeira, "há evidências, diretas e indiretas, de que os Estados Unidos influíram e encorajaram a 'lawfare', a guerra jurídica para promover a mudança do regime no Brasil". Para ele, "o juiz Sérgio Moro, preparou-se, em 2007, em cursos promovidos pelo Departamento de Estado". Ainda segundo Moniz Bandeira, em 2008, ele participou de um programa especial de treinamento na Escola de Direito de Harvard, e, em 2009, da conferência regional sobre "Illicit Financial Crimes", promovida pela Embaixada dos EUA, no Rio de Janeiro.

Ainda no contexto da "colaboração" internacional, os advogados do ex-presidente Lula flagraram a "terceirização" de delações para instituições norte-americanas, em ações contra a Petrobras. "Eu fui procurado pelo governo americano no intuito de buscar um interesse e entendimento das partes", reconheceu o empresário Eduardo Leite, ex-executivo da Camargo Corrêa, em depoimento em Curitiba. A atuação conjunta – e informal – do Ministério Público Federal com autoridades norte-americanas contraria acordo entre os dois países, firmado em 2001.

A Operação Lava Jato é grande responsável pela devastação da economia do país, ao paralisar a Petrobras e toda a cadeia produtiva do petróleo, em especial no Rio de Janeiro. Também está em sua conta a destruição das empreiteiras nacionais, pontas-de-lança da inserção econômica do Brasil em várias regiões do mundo, abrindo o mercado para os concorrentes estrangeiros. Apenas a Odebrecht demitiu mais de 50 mil trabalhadores, enquanto os estaleiros, empresas da construção civil e outros setores seguem demitindo diariamente.

O consórcio responsável pela exploração do Campo de Libra, por exemplo, um dos maiores do pré-sal na Bacia de Santos e liderado pela Petrobras, pediu à Agência Nacional do Petróleo (ANP) para construir a plataforma totalmente no exterior. O pedido contraria a política anterior, e o próprio contrato, que prevê pelo menos 55% do trabalho feito pela indústria nacional. A situação demonstra o desmonte e o fim das políticas de partilha na exploração e a garantia de "conteúdo nacional" na produção, resultando em falências e desemprego no setor.

No vácuo da desestruturação econômica, o megainvestidor George Soros, por outro lado, voltou a apostar na Petrobras e comprou mais de 1,5 milhão de ações da empresa brasileira nos EUA. Além de financiador da Transparência Internacional, Soros é acusado de patrocinar "revoluções coloridas" para desestabilizar regimes, por meio da organização Open Society, a exemplo das "marchas" de 2013 no Brasil. Formada em 1993, a organização de Soros participou da transição do Leste Europeu para o capitalismo e, depois, orientou suas ações para a América Latina e a África.

Em 1964, o golpe de Estado no Brasil foi articulado e financiado, em boa parte, pelos Institutos IBAD e IPES, organizações anticomunistas que contavam com apoio de contribuições de empresários brasileiros e estadunidenses. Hoje, os vazamentos do Wikileaks apontam para as espionagens da NSA (National Security Agency), que teriam abastecido de informações a Lava Jato em sua origem. Em entrevista concedida à Folha de S. Paulo, em 1988, o general reformado Hélio Ibiapina revelou que o IBAD possuía ligações com a Agência Central de Inteligência (CIA).

Entre 1898 e 1994, os EUA patrocinaram 41 golpes de Estado para mudança de regime na América Latina. A partir de 1960, apoiaram a derrubada de nove governos, mediante golpes militares, como no Brasil, em 1964, e patrocinaram articulações regionais de repressão política como a Operação Condor. Depois de 1994, participaram direta e/ou ativamente dos golpes para destituir os governos de Honduras (2009), Paraguai (2012) e, pelo que se torna cada vez mais evidente, Brasil (2016), com o afastamento, sem provas, da presidenta Dilma Rousseff.

A GUERRA CONTRA O BRASIL
22 dez 2016

"Um forte abraço de seu colega mais velho e com cabeça dura, que não se deixa levar por essa onda de "combate" à corrupção sem regras de engajamento e sem respeito aos costumes da guerra". Assim o Procurador da República e ex-Ministro da Justiça Eugênio Aragão termina sua carta aberta ao "colega" Deltan Dallagnol, publicada no blog Marcelo Auler Repórter.

De fato, estamos em guerra, sob ataque feroz do Enclave de Curitiba, com objetivo de implodir as instituições, destruir a economia, minar a unidade nacional e anular nossa identidade – e afastar o Brasil do BRICS. Uma "guerra não convencional", na qual "seus integrantes se utilizam de meios não ortodoxos para atingir objetivos específicos", segundo definição da Wikipedia.

Uma guerra diferente das guerras convencionais contra o Iraque e a Líbia, por exemplo, em que bombardeios aéreos e "mariners" arrasaram os países fisicamente. Em nosso caso, assim como em outros países, as guerras são antecedidas por "primaveras", ancoradas em bandeiras "morais", apoiadas por mídias corruptas e financiadas pela gangue internacional do sistema financeiro e da indústria bélica.

No caso do Brasil, a guerra imperialista e seu aríete nativo mirou o Pré-Sal, o submarino nuclear e as empresas de infraestrutura, que ocupavam cada vez mais mercados no mundo, em particular a Odebrecht. Não por acaso, os alvos do "terror judicial" foram Marcelo Odebrecht, o Almirante Othon – "pai do programa nuclear brasileiro", os dois presos, e Lula, a maior liderança popular do Brasil moderno.

A "independência" das relações do Enclave de Curitiba com autoridades norte-americanas, em especial, escancarada neste final de ano, denuncia a faceta mais vergonhosa das guerras, que é o colaboracionismo com os invasores. "A palavra colaboracionismo deriva do francês "collaborationniste", termo atribuído a aquele que tende a auxiliar ou cooperar com o inimigo", define a enciclopédia online Wikipedia.

A colaboração com o inimigo, "entendida como forma de traição, refere-se à cooperação do governo e cidadãos de um país com as forças de ocupação inimiga". Os colaboracionistas "frequentemente assimilam a ideologia e o comportamento do invasor", agindo por coação, medo ou, ainda para obter lucros, enriquecimento e favores do inimigo.

Seja qual for o motivo, objetivamente a Operação Lava Jato é a principal responsável pela crise econômica que está devastando segmentos industriais, empresas e empregos em todo o país. Outra evidência do papel da Operação Lava Jato e seus operadores é a urgência para implementar o programa total do golpe antes do final do mandato do presidente Barack Obama.

Por mais que os "neo-mariners não convencionais" tentem "vender" o sucesso do "combate à corrupção", o que fizeram foi mergulhar o país no caos legal, econômico, político e social. Diante disso, é preciso ampliar a denúncia do papel seletivo e persecutório da Operação Lava Jato e de seus operadores, da sua aliança com o PSDB e, principalmente, de seu caráter antinacional.

LAVA JATO COMPROMETE A SEGURANÇA NACIONAL
25 dez 2016

Os últimos acontecimentos envolvendo as delações e "acordos internacionais" da Operação Lava Jato tornados públicos por autoridades norte-americanas escancararam o seu caráter colaboracionista – desde a origem das atividades da "força-tarefa". Os novos fatos confirmam o que já era evidente, ou seja, que o objetivo da Operação Lava Jato nunca foi "combater" a corrupção, mas sim prestar-se a atacar e destruir setores industriais, a defesa nacional e as principais lideranças políticas do país.

A última ação contra a soberania e a segurança nacional é o acordo "autorizado" pelo Enclave de Curitiba que permite ao Departamento de Justiça dos Estados Unidos "fiscalizar" as atividades das empresas Odebrecht e Brasken, por três anos. A permissão é uma porta aberta para a espionagem dos segredos da defesa nacional, uma vez que a empresa Odebrecht é a cabeça do consórcio responsável pela construção do submarino nuclear brasileiro.

Por sua vez, o vice-presidente do Novo Banco de Desenvolvimento do BRICS, sediado em Xangai, na China, Paulo Nogueira Batista Jr., alertou nesta semana que, diante da crise atual, "criou-se um terreno fértil para a intervenção estrangeira", em artigo publicado no jornal O Globo, no último dia 23 de dezembro. "A intervenção externa não precisa ser ostensiva – e muito menos militar. Ela toma formas mais sutis", definiu ele.

Para o diretor do BRICS, "com o enfraquecimento dos governos e a crise econômica, fica mais fácil para investidores de outros países, não raro com apoio estratégico de seus governos, aterrissar no Brasil e comprar empresas, terras e outros ativos brasileiros sem controle ou restrições – e na bacia das almas". "O Brasil está à venda, em liquidação? Quem protege os nossos interesses? Quem nos representa no plano internacional?", questionou ele.

A agenda de colaboração do "Estado paralelo" já estava a pleno vapor em 2015, quando o Procurador Geral da República, Rodrigo Janot, encontrou-se com Leslie Caldwell, procuradora-adjunta da Divisão Criminal do Departamento de Justiça dos EUA. Até ser indicada ao cargo pelo presidente Obama, em 2014, Leslie Caldwell havia sido sócia do escritório Morgan Lewis de Nova York, especializado em contenciosos no setor de energia, especialmente nuclear.

Na sequência do encontro nos Estados Unidos, a Operação Lava Jato desviou do alvo central, a Petrobras, e apontou para a Eletronuclear, deflagrando a "Operação Radioatividade", com objetivo de investigar suspeitas na área nuclear. Em 2 de abril de 2015, dois meses após a visita de Janot aos EUA, o almirante Othon Luiz Pereira da Silva foi denunciado, preso e condenado a 43 anos de prisão – na prática, prisão perpétua, considerando a idade avançada do militar.

A ação obscura e contrária aos interesses nacionais tornou-se ainda mais evidente a partir da intervenção dos advogados do ex-presidente Lula nas audiências em Curitiba, levantando suspeitas de que a força-tarefa da Operação Lava Jato estaria colaborando em caráter não formalizado com o governo dos EUA. Flagrada a operação, o juiz Sérgio Moro tentou impedir que os delatores confessassem a relação com as autoridades norte-americanas.

"A revelação feita em audiência de que o Ministério Público Federal estaria trabalhando junto com autoridades americanas parece não estar de acordo com o tratado que o Brasil firmou em 2001 com os EUA que coloca o Ministério da Justiça como autoridade central para tratar esse tipo de questão", alertou o advogado Cristiano Zanin. Diante do flagrante, na época, o MPF informou que o assunto em questão era "sigiloso" e que não se manifestaria, enquanto o Ministério da Justiça não se pronunciou.

O golpe de Estado ainda em curso demonstra passo a passo que, mesmo sem bombardeios ou a presença de "mariners" invasores, o Estado brasileiro está sob ataque de uma "guerra assimétrica" imperialista, confirmando as palavras do diretor do BRICS. Estamos sofrendo um assalto ao Orçamento da União e às riquezas nacionais, incluindo empresas e mercados, patrocinado pelo sistema financeiro em aliança com os representantes do rentismo predatório e entreguista nacional.

Neste momento, o "bombardeio" do comando maior da mídia corrupta, em especial a Rede Globo, se volta contra o ex-presidente Lula para tentar consolidar o golpe no primeiro semestre de 2017. Sem provas, tentam valer-se da Justiça de um país forâneo para inabilitar eleitoralmente, ou prender um cidadão brasileiro, agravando ainda mais o papel antinacional da Operação Lava Jato e seus agentes capturados por interesses externos.

Nessa hora, é bom lembrar que a Lei nº 7.170, de 14 de dezembro de 1983, "define os crimes contra a segurança nacional, a ordem política e social, estabelece seu processo e julgamento e dá outras providências". A mesma lei, no artigo 8º prevê como crime "entrar em entendimento ou negociação com governo ou grupo estrangeiro, ou seus agentes, para provocar guerra ou atos de hostilidade contra o Brasil".

Já em seu artigo 13º, a Lei nº 7.170 especifica os tipos de crimes, como "comunicar, entregar ou permitir a comunicação ou a entrega, a governo ou grupo estrangeiro, ou a organização ou grupo de existência ilegal, de dados, documentos ou cópias de documentos, planos, códigos, cifras ou assuntos que, no interesse do Estado brasileiro, são classificados como sigilosos". As penas de reclusão vão de 3 a 15 anos.

A guerra geopolítica internacional é intensa e, mesmo que as lideranças políticas brasileiras façam vistas grossas, o Brasil foi atraído para o centro da batalha, em especial, para afastá-lo da aliança do BRICS. Identificar e denunciar o verdadeiro inimigo, o inimigo de fato, é decisivo para mobilizar não apenas as lideranças políticas, mas todos os setores nacionais, em especial os militares, para defender a Nação ameaçada.

O ABATEDOURO
DO BRASIL

18 mar 2017

A Operação Lava Jato expôs definitivamente nesta sexta-feira, dia 17 de março, com a operação "Carne Fraca", seu papel de "abatedouro" oficial do ataque do sistema financeiro internacional à Nação brasileira. Ao investir contra mais um setor estratégico da economia, o Enclave de Curitiba deixa claro sua "missão" de promover a destruição da indústria nacional com inserção internacional. A sequência de operações, os alvos selecionados, os momentos escolhidos, tudo aponta para um "poder paralelo" operando contra o Estado brasileiro.

O primeiro alvo da Operação Lava Jato foi a Petrobras, o pré-sal, a indústria do petróleo, com um ataque antecipado pela reativação da IV Frota e pelas escutas da NSA. Em seguida, preventivamente, investiram contra a indústria de defesa, leia-se submarino nuclear, condenando à prisão perpétua o Almirante Othon, ou seja, a sua inteligência. Depois, partiram para cima do segmento de infraestrutura, da engenharia nacional, da indústria naval, destruindo setores de ponta da indústria do país.

Agora, com grande alarde midiático, destinado a comprometer a imagem externa do setor, e uma viralatice sem precedentes, atacam o agronegócio, responsável por 7,2% das exportações nacionais, em 2016, depois da soja e dos minérios. Atrás apenas dos Estados Unidos, o Brasil detém 40% do mercado mundial da carne de frango, 20% do mercado mundial de carne bovina e 9% do de carne suína. Em julho do ano passado, o Brasil finalmente acertou com os EUA a venda de carne bovina in natura, após 18 anos de negociações.

O Brasil, definitivamente, entrou na rota da destruição dos Estados Nacionais, processo iniciado com a guerra do Iraque, de acordo com o analista Felipe Camarão em seu texto "O fim do mundo unipolar", publicado por este blog. "Não são guerras para apropriar-se das riquezas destes países, mas sim para impedir que produzam", diz Camarão, incluindo a Líbia e a Ucrânia na lista dos países alvejados. "Os primeiros investimentos em petróleo no Iraque após a guerra de 2003 foram feitos pela chinesa CNPC, apenas em 2008, com início da produção em 2011", lembra ele.

A eleição de Lula em 2002 e, a partir de então, o fortalecimento do mercado interno, a política internacional soberana e a associação ao BRICS colocaram o Brasil em rota de colisão com a globalização predatória. Na impossibilidade das guerras tradicionais, desde 2013 o Brasil está sob ataque de uma "guerra assimétrica" patrocinada por agentes externos, autoridades internas capturadas e uma mídia corrupta e venal. A derrota do comando central imperialista nas eleições norte-americanas apenas aumentou a ferocidade do ataque contra o Brasil e outras Nações do mundo.

"O imperialismo reage com uma política de recolonização selvagem, com a quebra de direitos sociais, privatizações, fim ao ensino gratuito, serviços de saúde, com os estados postos a serviço do capital financeiro", denuncia Felipe Camarão, no mesmo texto citado. "Até a dissolução das FFAA, ou sua transformação em meros capitães do mato do imperialismo, está em questão", destaca ele. Essa política levará a luta de classes a um novo patamar muito mais agudo, diz, destacando que "o custo econômico e social de tal projeto fará emergir poderosos movimentos de defesa nacionais contra a regressão colonial".

A profundidade do golpe, a velocidade com que avança contra os interesses nacionais e destrói direitos sociais impõem uma ampla reflexão, além da solução eleitoral, para impedir a aniquilação do Estado nacional. É preciso superar velhos dogmas, compreender as mudanças da geopolítica mundial – a partir das eleições norte-americanas e, acima de tudo, assumir claramente, sem meias-palavras, a defesa da Nação. Os brasileiros precisam, mais do que nunca, de um Projeto Nacional que aponte para o futuro, afirmando um caminho de desenvolvimento, com industrialização, empregos e soberania.

PS – "Je weniger die Leute davon wissen, wie Würste und Gesetze gemacht werden, desto besser schlafen sie*". – Otto v. Bismarck

* Quanto menos as pessoas souberem como se fazem as salsichas e as leis, melhor elas dormem.

A NOVA ESCALADA CONTRA LULA
4 abr 2017

"Brazil's new hero is a nerdy judge who is tough on official corruption" estampou com destaque o jornal The Washington Post, "vendendo" o juiz Sérgio Moro para o mundo. Com a chamada, o jornal cumpriu a versão externa de uma nova escalada contra o ex-presidente Lula. A primeira, pavimentando a estratégia, foi a condenação de Eduardo Cunha, a segunda, a enganosa capa da Veja, com a denúncia contra Aécio Neves.

Porta-voz do capital financeiro internacional, o jornal cantou a pedra do jogo imperialista. A pressão contra Trump nos EUA e as manifestações-padrão na Rússia, seguidas do atentado em São Petersburgo, mostram que a gangue imperial não está para brincadeira. No Brasil, é preciso liquidar com o que resta de capacidade de reação ao selvagem ataque ao Estado, aos interesses nacionais e aos trabalhadores.

A estratégia dos donos do golpe embaçou no desastre do governo Temer e na dificuldade em compor um bloco capaz de assumir em seu lugar. Enquanto os "silvérios dos reis" naufragam no impasse, o ex-presidente Lula cresce diariamente junto ao povo, confirmando sua força política. Sem qualquer dúvida, Lula é a única "ponte" para o futuro do país, capaz de impedir um conflito de graves proporções para a sociedade.

Se alguém aposta em transformar a Lava Jato em "forca" moderna da principal liderança nacional, é bom ouvir o que diz o ex-ministro do Supremo Tribunal Federal (STF), Nelson Jobim. "A questão da corrupção tem que ser tratada com lucidez porque não se constrói o futuro retaliando o passado", disse ele nesta semana. Para ele, "o presidente Lula preso elege qualquer um, em 2018, principalmente o Ciro Gomes".

É disso que se trata, e é contra isso que todos os democratas, patriotas e nacionalistas serão chamados nos próximos dias, semanas, meses. O Brasil está sob severo ataque de uma guerra assimétrica que promove a destruição das instituições e dos valores nacionais. Ou os brasileiros se levantam contra isso, ou o Brasil será empurrado para a barbárie, com um povo sem direitos, sem soberania, sem Nação.

BRASIL OCUPADO
8 abr 2017

A matéria publicada no jornal Estadão neste sábado não deixa mais qualquer dúvida sobre o caráter insidioso e lesa-Pátria da Operação Lava Jato. "Odebrecht começa a ter operação monitorada", diz a chamada, seguida da informação de que "profissionais indicados pelo MPF, do Brasil, e DoJ, dos EUA, farão plano de trabalho" – por três anos. O DoJ é o equivalente ao Ministério da Justiça no Brasil e, portanto, se reporta diretamente aos chefes do governo norte-americano.

A Odebrecht Defesa é, ou era, responsável pela construção do submarino nuclear, e sua controlada, a Mecatron, pelos mísseis nacionais. A empresa foi uma das primeiras atingidas pela Operação Lava Jato, com a prisão de seu presidente, condenado a 23 anos, Marcelo Odebrecht, ainda na cadeia. Na sequência, o responsável pelo projeto do submarino nuclear, Almirante Othon, também foi preso e condenado à 43 anos, ou seja, à prisão perpétua.

A agenda que desembocou na situação atual, já estava em andamento em 2015, como já dissemos em artigo anterior. Na época, o Procurador Geral da República, Rodrigo Janot, encontrou-se com Leslie Caldwell, procuradora-adjunta da Divisão Criminal do Departamento de Justiça dos EUA, ex-sócia do escritório Morgan Lewis de Nova York. O escritório é especializado em contenciosos no setor de energia, especialmente nuclear.

Na sequência do encontro, a Operação Lava Jato apontou para a Eletronuclear, deflagrando a "Operação Radioatividade", com objetivo de investigar suspeitas na área nuclear. Em 2 de abril de 2015, dois meses após a visita de Janot aos EUA, o almirante Othon Luiz Pereira da Silva foi denunciado, preso e condenado a 43 anos de prisão. O Almirante Othon é velho alvo da CIA, desde os anos oitenta, quando a agência manteve um agente, Ray H. Allar, morando no apartamento ao lado do seu, em São Paulo.

Não bastasse isso, o juiz Sergio Moro também autorizou o compartilhamento de delações premiadas de empresários brasileiros com autoridades estrangeiras. Segundo matérias da imprensa, Moro autorizou conversas feitas diretamente com o Departamento de Justiça dos EUA, sem passar pelo Estado brasileiro, como prevê a lei. A situação só veio a público, contra a vontade do juiz, depois de denúncia dos advogados do ex-presidente Lula, durante os depoimentos.

Segundo a matéria do Estadão, "os dois monitores independentes vão analisar o que a empresa está fazendo em termos de compliance e traçar seu plano de trabalho – que será entregue às autoridades no fim de abril". Diz ainda a matéria que "embora sejam financeiramente bancados pela empresa, os dois monitores são independentes e prestam contas apenas ao Ministério Público e ao DoJ". Em resumo, o país foi invadido, seu setor de ponta da Defesa Nacional ocupado e, se nada for feito, acabará destruído.

DELAÇÃO "DELIVERY"
27 maio 2017

"Joesley "rifou" o Brasil para garantir migração da JBS aos EUA", sentenciou o jornal Valor, em análise assinada por Vanessa Adachi, publicada em 18 de maio. Segundo o jornal, não apenas os irmãos Batista estão de mudança para os Estados Unidos, mas todo o seu império econômico segue o mesmo caminho. O jornal diz ainda que "essa é a explicação para que o empresário tenha decidido fechar a toque de caixa a delação das delações". Em dezembro, o grupo aprovou a realização de um IPO na Bolsa de Nova York (emissão de ações), que levará o grupo a deixar de ser essencialmente brasileiro.

O que já era sabido desde o final do ano passado, confirmou-se com a decisão de queimar estrepitosamente as pontes com seus antigos aliados como Michel Temer e o tucano Aécio Neves. Para acertar a transferência definitiva da empresa para os Estados Unidos, a JBS precisava ajustar os ponteiros com o Departamento de Justiça norte-americano (DoJ). No Tio Sam, já está 80% das operações da JBS, incluindo 56 fábricas de processamento de carne, com milhares de empregados, e o país é responsável por quase metade das suas vendas mundiais.

Diante disso, não é surpresa que a operação em que se envolveram no Brasil tenha as impressões digitais do DoJ norte-americano e desdobramentos pouco ortodoxos para a Justiça do Brasil. As gravações não foram autorizadas pelo STF, ou seja, um Presidente da República foi gravado sem autorização da corte, a quem compete autorizar investigações sobre autoridades. A ação clandestina resultou em gravações que a PGR "jogou no colo" do ministro Edson Fachin, que aceitou o fato consumado, ou seja, o crime a ser legalizado.

Em artigo publicado nesta semana, o procurador-geral da República, Rodrigo Janot, afirma que, em abril deste ano, foi procurado pelos irmãos Batista. "Trouxeram eles indícios consistentes de crimes em andamento – vou repetir: crimes graves em execução –, praticados em tese por um senador da República e por um deputado federal", afirmou. No mesmo artigo, Janot afirma que "os colaboradores, no entanto, tinham outros fatos graves a revelar. Corromperam um procurador no Ministério Público Federal. Apresentaram gravações de conversas com o presidente da República". O texto do próprio Janot sugere, portanto, que a "encomenda" chegou pronta para ele, sem participação oficial das autoridades.

Matéria da Folha de S. Paulo, pontuando a cronologia dos fatos, diz que "no dia 19 de fevereiro, um domingo, às 12 horas, Anselmo Lopes, procurador da República no DF, recebeu uma ligação inesperada. Do outro lado da linha, Francisco de Assis e Silva, diretor jurídico da JBS, comunicou uma decisão que abalaria o país: Joesley e Wesley Batista iriam confessar seus crimes e colaborar com a Justiça". Segundo o jornal, "a conversa durou só 19 minutos e eles agendaram um encontro para o dia seguinte. Na segunda-feira, Lopes e a delegada Rubia Pinheiro, que lideram a Operação Greenfield, da PF, deram uma "aula de delação": explicaram em detalhes ao advogado, profissional da estrita confiança dos Batista, como funcionaria a colaboração premiada".

Ainda distante do mês de abril citado pelo surpreso Janot, em 6 de março, o jornal O Estado de S. Paulo informava que "o procurador Marcelo Miller deve sair oficialmente da instituição nos primeiros dias de abril para se dedicar à área de compliance". Homem de confiança de Janot, ex-diplomata do Itamaraty com larga experiência em direito penal e internacional, Miller passou a trabalhar para o escritório Trench, Rossi & Watanabe Advogados, no Rio de Janeiro, contratado pela JBS para negociar os detalhes da delação premiada. A decisão do ex-procurador de deixar o MPF veio a público na véspera da conversa entre Joesley e o presidente da República, Michel Temer (PMDB), no dia 7, gravada pelo empresário e utilizada na delação.

Em despacho datado de 10 de abril, o ministro Edson Fachin deferiu estranho pedido de Janot para que o delegado da Polícia Federal Josélio Azevedo de Souza, responsável pelas apurações, fosse impedido de compartilhar informações das investigações com outras pessoas, inclusive seus superiores hierárquicos – ou seja, a direção da Polícia Federal e o Ministério da Justiça. Após a divulgação da delação, Janot voltou a pedir ao ministro Fachin para que somente o delegado Josélio – o mesmo que interrogou Lula, em Brasília – continuasse tendo acesso ao inquérito, alegando a necessidade de um delegado exclusivo, "de sua confiança". A operação, então, blindada pelos "homens de Janot", sem autorização do STF e submetida a métodos estranhos ao processo legal, superou todos os limites da "coragem" jurídica, a ponto de sugerirem gravar Temer nos Estados Unidos.

Não bastasse o enredo, ainda levantam mais suspeitas sobre o caráter e a legalidade da operação as penas, por um lado, e os benefícios, por outro, que premiaram os irmãos Batista, livres e vivendo no exterior, sem qualquer problema. Ontem, 26 de maio, o jornal O Estado de S. Paulo trouxe chamada dizendo que o "STF pode rever termos do acordo de delação da JBS", especialmente em relação aos benefícios e penas. "O MP não julga. Quem julga é o Estado-juiz e não o Estado acusador", disse o ministro Marco Aurélio Mello. Ou seja, "acordos de leniência" não são da competência da Procuradoria-Geral, mas sim do Executivo, por meio do Ministério da Fazenda.

Com uma multa bem abaixo da média aplicada aos empresários das empreiteiras e, ao contrário do Almirante Othon, condenado a 43 anos de prisão, os irmãos Batista já se encontram livres nos Estados Unidos. Os fatos evidenciam que a operação de delação realizada com a PGR busca assegurar os negócios da empresa nos Estados Unidos, deixando para trás o "passivo" de corrupção acumulado no Brasil ao longo dos últimos anos. Uma delação e um acordo que, diante da cronologia dos fatos, dos interesses envolvidos e dos métodos, levam a crer que o papel da PGR foi de apenas chancelar as operações feitas por outros.

Não é a primeira vez que o Procurador-Geral da República, Rodrigo Janot, Sérgio Moro e a Operação Lava Jato passam por cima do Estado

Nacional, desta vez deixando até a Rede Globo, em um primeiro momento, fora do processo. Em Curitiba, Moro tentou impedir que delatores tornassem públicos os "acordos de delação" com autoridades e instituições estrangeiras, especialmente norte-americanas, patrocinados por eles, sem autorização do Executivo brasileiro. Em 2015, com a agenda externa do "Estado paralelo" já em vigor, encontro de Janot com Leslie Caldwell, procuradora-adjunta da Divisão Criminal do Departamento de Justiça dos EUA, resultou na "Operação Radioatividade" para investigar suspeitas na área nuclear brasileira.

Nesta sexta-feira, o senador Roberto Requião, em vídeo divulgado em seu perfil de Facebook, afirma não ter qualquer dúvida de que o acordo de delação dos irmãos da JBS foi fechado e montado com o Departamento de Estado dos Estados Unidos. De fato, as circunstâncias, a forma como feita e os personagens envolvidos, incluindo procuradores, juízes e delegados, como dissemos, sugere que a delação foi produzida a partir de fora e apenas "legalizada" pelo Procurador-Geral, Rodrigo Janot. Uma história mal contada, passível de investigação, que já provocou o questionamento do Supremo Tribunal Federal (STF) e levou Rodrigo Janot a publicar dois artigos em defesa da operação.

Em um dos artigos, publicado no UOL, o procurador-geral da República justifica a delação com uma série de argumentos políticos, que tentam desviar do questionamento técnico e da legalidade da operação. "Finalmente, tivesse o acordo sido recusado, os colaboradores, no mundo real, continuariam circulando pelas ruas de Nova York, até que os crimes prescrevessem, sem pagar um tostão a ninguém e sem nada revelar". É o que, ao contrário do que o procurador-geral da República diz, está acontecendo, confirmando que, de fato, "a Operação Lava Jato é maior do que nós", como ele já admitiu anteriormente.

* Com Felipe Camarão.

A OUSADIA DOS CANALHAS
10 jun 2017

Giovanni Vincenzo di San Felice V, Conde de Bagnolo*
(*Arlindo Falco Junior)

A recente delação bombástica do empresário Joesley Batista, da JBF, articulada por ele com o Departamento de Estado dos EUA e a Procuradoria Geral da República – do Brasil – produziu um abalo de sísmicas proporções no cenário nacional, aprofundando a crise que já não era pequena. A maioria dos atores políticos procura desempenhar seus papéis em torno das revelações, enquanto o governo Temer estertora, produzindo um enredo de autêntica ópera bufa.

Alguns novos personagens foram introduzidos no cenário e, no calor dos embates sobre o destino do governo Temer, alguns permanecem como atores menores, outros no anonimato, sem a devida atenção que merecem.

O ex-procurador Marcelo Miller é um exemplo. Informam os jornais que pediu demissão da PGR para dedicar-se agora a advocacia no Trench, Rossi & Watanabe Advogados. O que fez com que abandonasse o ministério público, uma das mais prestigiadas carreiras da República? Ainda mais que atuava como o braço direito de Janot na Lava Jato.

Para quem abandonou o Itamarati para ingressar no MPF, uma carreira toda traçada no serviço público, acostumado as prebendas dela inerentes, não deixa de ser algo inusitado descer à planície das duras e instáveis lides na iniciativa privada para atuar como causídico. Ainda mais que o escritório a que se associou foi contratado por Joesley para o acordo de leniência com o órgão que há bem pouco tempo ele representava.

Esse tipo de decisão profissional não é coisa que se faça de rompante. A consulta aos familiares, indispensável nestes casos, a comunicação aos seus superiores, no caso Rodrigo Janot, e colegas mais próximos da oportunidade profissional que lhe foi aberta, indicam um processo remansoso na tomada de decisão em ingressar na nova atividade. Certamente não foi às vésperas da gravação de Joesley com Michel Temer, no dia 6 de março, quando anunciou sua decisão.

Aqui, ainda, algumas indagações se impõem. Qual a proposta que lhe fez Joesley e quando ela foi feita? Quando conversou com Rodrigo Janot a respeito? Essas perguntas são pertinentes e constitucionais a qualquer funcionário público e o País tem o direito de saber suas respostas. Para que se esclareça se Marcelo Miller confundiu, ou não, sua vida pública com sua vida privada.

A troca do escritório Trench, Rossi & Watanabe Advogados, para onde deslocou-se o ex-procurador Miller, pelo Bottini & Tamasauskas Advogados, liderado por Pierpaolo Bottini, responsável pela defesa de Cláudia Cruz, mulher de Eduardo Cunha também cimenta as suspeitas sobre o verdadeiro papel de Miller e Janot no caso da JBS. Assim como Janot diz que as gravações de Temer seriam uma "confissão", o mesmo deveria valer para essa troca de escritórios e todo o imbróglio da delação da JBS.

Por outro lado carece de verdade que Janot só tenha tomado conhecimento em abril de toda esta história. Ao afirmar isto somente procura ocultar seu papel e o de Miller no episódio, pois sabia das tratativas anteriores da JBS e de Joesley, bem como do destino profissional de Marcelo Miller antes disso. É melhor tratar dos fatos como dados que ter que explicar sua ciência dos mesmos, ocorridos bem antes do que afirma.

Outro ator que surgiu nestes episódios foi o do procurador da República Ângelo Goulart Villela, também bastante próximo de Janot, preso no dia 18 de maio. Foi "infiltrado" por Joesley Batista na Operação Greenfield, para lhe prestar serviços de informações. Villela inaugura o capítulo dos procuradores federais nas relações com o submundo das tratativas da categoria com os empresários visados pelo MPF. Não fosse a delação de Joesley, Villela permaneceria incólume, brandindo junto com seu amigo e colega Deltan

Dallagnol as medidas "contra a corrupção" que tentam empurrar à Nação.

Oh moralistas de fancaria, até quando teremos de aturar seus cinismos e suas vilanias! A lógica que emerge de sua ação é: quanto mais poderes tiverem, maior o valor que percebem. E aos incautos resta levá-los a sério, estes impolutos homens de bem. Típico caso do batedor de carteira que depois de subtrair a vítima brada: pega ladrão! Não deve ser o único a obter "vantagens indevidas" no Ministério Público a julgar pela porosidade de tal órgão, prenhe de vazamentos a toda hora. Vai caguetar? Ou será esquecido como um incomodo a ser escondido?

Por falar em vazamentos, onde tudo que atinja os alvos da vez frequentam as páginas da imprensa, quem são os dois juízes que Joesley mantém na algibeira? Porque seus nomes não estão à disposição pública? Que respondam Rodrigo Janot e Edson Fachin. Se com a Presidência da República não há segredos, se com outros réus o rito foi sumário e público, porque tanto mistério? Se ao Excelentíssimo Sr. Ângelo Goulart Villela, procurador da República, coube a prisão e a execração pública, porque tanta condescendência com indigitados meretríssimos? Não haverá juízes de piso livres de suspeição agora.

Enquanto o país amarga a falência de empresas, vê jogado no desemprego 14 milhões de pessoas e vive a maior depressão de sua história, é certo que, além da especulação financeira e do rentismo, surge no país um novo ramo, um mercado de transações milionárias: o das delações premiadas. Estes, especulação e delação, são os únicos negócios que prosperam no Brasil.

"A delação da JBS, pela amplitude política de suas revelações, deve gerar uma avalanche de procura por acordos", anunciou no Estadão o pregoeiro da indústria de delações da Lava Jato, Carlos Fernando do Santos Lima, procurador da operação Lava Jato no Paraná. No mesmo dia, 5 de junho, o informativo Drive, de Fernando Rodrigues, diz que "soube que um novo advogado – de Curitiba e especializado em delações premiadas – já estaria em conversas com a família Rocha Loures. "Surgiu uma nova economia no país que são as decisões jurídicas feitas pelo Supremo (Supremo

Tribunal Federal), sintetizou ironicamente o mega-empresário Guilherme Paulus, fundador da CVC, maior operadora de viagens do país.

Nesse contexto, surgem os "especialistas" em delação premiada e nos acordos com o Ministério Público. Além de Marcelo Miller, Dalton Miranda, ex-conselheiro do CARF, Marcos Neder, ex-secretário da Receita Federal; Rodrigo Castor de Mattos, irmão de Diogo Castor de Mattos, procurador da Lava Jato em Curitiba; Marlus Arns e Antonio Figueiredo Basto, advogado curitibano de Alberto Youssef.

A relação de Basto com Youssef é mais antiga. Vem do começo da década passada, quando o advogado colaborou com o Ministério Público Federal nas investigações das chamadas contas CC-5, no caso Banestado. "Em 2003, fizemos o primeiro acordo de colaboração premiada. Posso dizer que criei esse acordo na 2.ª Vara da Justiça Federal, junto com o juiz Sérgio Moro e os promotores Vladimir Aras, Januário Paludo e Carlos Fernando Lima", afirma Basto. Basto e Youssef são os únicos a conquistar a bi-delação premiada, um galardão do qual se jacta o advogado. São casos conhecidos de "especialistas" em delação premiada e acordo de leniência. A julgar pela amostragem a "especialidade" advém da proximidade com o órgão acusador.

Enquanto isso em Curitiba, Sergio Moro, Deltan Dallagnol e Carlos Fernando dos Santos Lima continuam com suas convicções sem provas contra o Presidente Lula. Dallagnol, de tão firme nas suas teses do power point, não comparece a nenhuma das mais de setenta oitivas sobre o processo do triplex no Guarujá. E para reiterar suas convicções, cita sete vezes a si próprio como fonte bibliográfica em suas alegações finais no processo.

Mas esteve com Rodrigo da Rocha Loures, na véspera da votação do impeachment pelo Senado. Segundo informação divulgada pela Folha de S. Paulo, o encontro, de quase duas horas, ocorreu em Brasília e tratou de uma espécie de "acordo de procedimento" que não colocasse em risco as investigações. Na conversa entre Loures e os procuradores Deltan Dallagnol e Roberson Pozzobon, foi acertada a manutenção no cargo do superintendente da Polícia Federal no Paraná, Rosalvo Franco, responsável pela Lava Jato.

Loures ouviu dos investigadores que a permanência de Franco seria sinal importante e prometeu consultar Temer.

Encontrar-se com Loures, o homem da mala de 500.000 reais de Temer, para tratar de "acordos de procedimento"? Esta intimidade e proximidade com o ilícito, no verdadeiro crime contra a democracia que foi o impeachment da Presidente Dilma, onde nas delações da JBS aparecem como financiadores da patranha, colocam Dallagnol sob suspeita. Logo com Loures, um deputado, quando a votação foi no Senado? "Acordos de procedimento"? Ángelo Goulart Villela, quando da audiência na Câmara dos Deputados, em que representou o MPF, na discussão das "medidas contra a corrupção", saudou-o como "estimado colega e amigo Deltan Dallagnol", que também participou da audiência.

Os dois, Rodrigo da Rocha Loures e Angelo Goulart Villela, se encontram presos, já Deltan Dallagnol continua com suas convicções sem provas, mas agora devendo explicações. Por sua linha de raciocínio, sua proximidade com os dois presos torna-o no mínimo suspeito.

Fôssemos um país de memória, e não de vaga lembrança, a identificação do procurador Carlos Fernando dos Santos Lima, como "raposa no galinheiro", feita pela Isto É, em 3 de setembro de 2003, não seria esquecida.

Diz a revista: "Santos Lima, quando servia em Curitiba, foi quem recebeu e manteve engavetado, desde 1998, o dossiê detalhadíssimo sobre o caso Banestado e uma lista de 107 pessoas que figuram na queixa-crime sobre remessa de dólares via agência em Nova York. No episódio houve aquilo que em termos jurídicos se chama de "instituto da suspeição", já que o procurador é parte interessada no caso. Sua esposa, Vera Lúcia dos Santos Lima, trabalhava no Departamento de Abertura de Contas da filial do Banestado, em Foz do Iguaçu. Agora, na Big Apple, Santos Lima fez um tour de force para que a documentação da quebra de sigilo de várias contas, realizada pelo escritório da Procuradoria Distrital de Manhattan, também não viesse à luz, enveredando por um labirinto burocrático que, como sempre, tem seu final em pizza." Isso na época do escândalo das contas CC-5 do Banestado.

Isso não é um currículo, é uma "capivara". No entanto Carlos Fernando dos Santos Lima permanece integrando a força tarefa da Lava Jato.

Já o Juiz Sergio Moro, que também foi juiz do caso das contas CC-5 do Banestado, no depoimento de Lula pergunta se o Presidente tinha conhecimento dos ilícitos na Petrobras cometidos por Paulo Roberto Costa, Renato de Sousa Duque, Nestor Cerveró e Jorge Luis Zelada. Lula afirmou que nem ele e nem a Petrobras, o MPF, a PF, a imprensa e o próprio Moro sabiam. E que só a partir do grampo do Paulo Roberto e de Youssef tomou conhecimento. Moro insiste dizendo que nada tinha a ver com as nomeações. E Lula arremata: "o senhor devia saber mais que eu, pois grampeou e soltou Youssef". Na realidade devia mesmo, pois Youssef é velho conhecido de Moro.

Sergio Moro, formado em direito pela Universidade Estadual de Maringá, sua cidade natal, tem seu primeiro emprego no escritório de Irivaldo Joaquim de Souza, advogado tributarista da cidade. Irivaldo foi advogado de Jairo Gianoto entre os anos de 1997 a 2000, ex-prefeito de Maringá pelo PSDB, condenado por gestão fraudulenta.

O Tribunal de Justiça do Paraná condenou o ex-prefeito de Maringá em 2010 a devolver cerca de R$ 500 milhões aos cofres públicos. Segundo informação da Promotoria de Justiça de Defesa do Patrimônio Público de Maringá foram condenados por improbidade administrativa o ex-prefeito Jairo Morais Gianoto, o ex-secretário da Fazenda Luis Antônio Paolicchi, o doleiro Alberto Youssef entre outros réus. A Polícia Federal prendeu o ex-prefeito Jairo Gianoto em 2006, por desvio de dinheiro público, formação de quadrilha, e sonegação fiscal; já o advogado tributarista Irivaldo Joaquim de Souza foi preso, e só conseguiu o Habeas Corpus, depois do Juiz Federal Sérgio Fernando Moro, ter testemunhado em seu favor.

Já no caso do Banestado, Moro e Youssef novamente se cruzaram. Onde o doleiro consegue com Moro seu primeiro acordo de delação premiada. As relações de Moro com o PSDB e Youssef como se vê são antigas. Nos anos noventa, Youssef foi operador do caixa 2 do PSDB e figura central na transferência ilegal de bilhões de dólares oriundos da privataria tucana.

José Paulo Sepúlveda Pertence, ex-procurador geral da República, ministro e presidente do Supremo Tribunal Federal, quando se despediu do cargo de procurador geral disse ao Presidente José Sarney: "Eu não sou o Golbery, mas também criei um monstro". Assim o ilustre jurista falou ao Presidente Sarney sobre a criação do Ministério Público Federal em sua despedida do cargo. Ao se defrontar com o quadro pós-Lava Jato disse:"Os excessos deste momento deveriam servir para rever papel do MP e da Justiça".

Aliás, nos ensina Marcelo Miller, o ex-procurador:

"O MP é uma instituição muito antiga. Aparece na França na Baixa Idade Média e surge com um papel muito similar ao que ocupa nos dias de hoje, bem como mantém, desde a sua origem, as dualidades e os conflitos existênciais que padecem no Brasil e no mundo. Inicialmente, o papel ministerial era representar o monarca para defender os interesses reais e a paz pública. Na época, a corte era o 'grande balcão' da sociedade, onde as pessoas iam reclamar. Nesse caso, os juízes julgavam em nome do rei, mas acima dele havia Deus".

"Nesse aspecto – continua Miller – o surgimento do Ministério Público fez-se necessário, já que nasce uma instituição com as mesmas premissas e em pé de igualdade com a Justiça, passando a ocupar também o lugar físico reservado para os magistrados nos julgamentos – o parquet." E diz mais: "Não há menor dúvida de que a primeira instituição com um poder da linha de polícia foi aquela que surgiu na França, que é a origem do Ministério Público, conhecida como 'gens du roi'. Eles eram os olhos do rei junto à administração real. Troquem 'rei' por 'povo' e chegamos, quase sem escala, à noção contemporânea de Ministério Público".

O ex-procurador data na França medieval o surgimento do MP, mais precisamente nos tempos de Felipe IV, o belo, Rei da França, de Guilherme de Nogaret, seu procurador, de Felipe de Marigny, arcebispo de Sens, nomeado inquisidor da França por Bertrand de Got, o Papa francês Clemente V.

O instituto do MP não podia ter estreia mais espetaculosa, criado para o julgamento e a extinção da ordem dos cavaleiros Templários, acusados por Felipe IV. O julgamento mais famoso da Idade Média tratou-se de um crime, dos mais brutais e grotescos da história humana. Na realidade, Felipe IV via nas riquezas do Templo a solução para seus problemas.

Jacques de Molay, Grão Mestre da Ordem dos Templários, preso por Nogaret e trancafiado, junto com seus pares, é julgado por Felipe de Marigny, em Chinon, uma espécie de Curitiba daqueles tempos. Viveram seu ordálio ("juízo de Deus") na mão dos inquisidores para confessar o que queriam seus algozes. Molay foi queimado na fogueira em Paris em 18 de março de 1314. Antes de morrer, Jacques de Molay lança uma maldição contra Felipe IV, Nogaret e Clemente V. Nenhum deles sobreviveu ao ano de 1314.

A estreia dos procuradores nasce com um crime e com a maldição de Molay.

Deste processo temos algumas recordações, a primeira é que acusar sem provas e condenar os querelados, está na gênese do MP. A outra é que são as convicções dos acusadores que valem. E como costume, deu-nos a superstição da sexta-feira, 13. Pois foi em 13 de outubro de 1307 que os Templários foram presos.

"Nós, brasileiros, precisamos assumir a ousadia que os canalhas têm — disse Cármen Lúcia, Presidente do Supremo Tribunal Federal, em agosto de 2016, antes do impeachment, acrescentando que o arrojo "não pode ser de pessoas que não cumprem as leis, que usam o espaço público para interesses particulares".

De fato, a então vice-presidente do Supremo Tribunal Federal (STF) parece ter antecipado a melhor expressão para definir o que ocorre atualmente com o sistema judiciário brasileiro.

Um sistema que "não cumpre as leis" e que "usa o espaço público para interesses particulares", seja para fraudar provas e perseguir o ex-presidente Lula, ou patrocinar a extorsão de empresários e políticos.

Porém, com a devida vênia de Vossa Excelência, a frase foi entendida assim: "nós brasileiros de 'bens' precisamos assumir a ousadia dos canalhas". E também por alguns que, bens não possuindo, ambicionam tê-los.

LAVA JATO ESTÁ TORNANDO O BRASIL INVIÁVEL

14 jun 2017

* Pedro Aguirre de la Serna

Nas conversas que tenho tido com empresários, eles têm se mostrado muito preocupados. Não só com os negócios atuais, que estão todos indo muito mal. Estão precupados também com o futuro. E em particular com os custos e a gestão de seus empreendimentos.

Um deles me traduziu esta preocupação em números. "A gente viu aí nas denúncias: entre 1 e 3% do valor dos contratos é o percentual da política. Agora, quanto vai custar o judiciário?"

De fato, acompanhando as delações e denúncias, oscilou em torno de 2% o valor negociado em cada contrato para as campanhas e os partidos, quando não para o bolso do próprio político. Ou seja, do ponto de vista empresarial, este foi o custo médio do financiamento da política nacional ao longo das últimas duas décadas.

O custo Sergio Moro

Em tempos de Lava Jato, tudo está mudando. E para pior. Os empresários, enquanto aguardam o fim da recessão, já se preparam para o novo momento que virá. Buscam se organizar de um modo diferente. E colocam em seus planos um acréscimo de 10 a 15% em seus custos.

A reorganização do setor, caso a crise não resulte na construção de uma legislação eleitoral que resolva o tema do financiamento eleitoral e partidário, aponta para a necessidade de maior profissionalização e elevação de custos. Nenhum dono de empresa pensa mais em fazer negócios diretos com políticos. Todos estão reorganizando suas operações e colocando prepostos para realizar este trabalho. "O Brasil vai virar um paraíso para os lobistas". E lobistas caros. Estes "executivos", se antes aceitavam trabalhar por 100, agora só se movem por mil.

O raciocínio é objetivo. "Não existe política sem que a gente financie," me afirmou um empresário, "e isso não vai mudar". Para o setor empresarial, o que vai mudar é que a Operação Lava Jato está impondo um risco que antes não havia e um novo custo em qualquer operação. "A insegurança hoje é muito grande. Mesmo que você tenha feito tudo dentro da lei, a empresa não está livre do seu dono ser detido e ser obrigado a fazer uma delação pra sair da cadeia e tentar salvar o negócio. É uma loucura o que esse pessoal está fazendo."

Ou seja, mesmo o empresário honesto, que atua rigorosamente dentro da lei, hoje teme ser envolvido em algum escândalo, ser até preso e ter de contratar os advogados "especialistas em delações" do Paraná. "É o custo Sergio Moro, compreende?"

Um país de ladrões

Os 2% destinados ao financiamento dos partidos e campanhas, grosso modo eram distribuídos em três modalidades: contribuições legais às campanhas e aos partidos, contribuições ilegais às campanhas via caixa 2 (configurando crime eleitoral) e propinas, pagas em dinheiro ou em contas no exterior (configurando crime de corrupção).

A Lava Jato misturou tudo. Qualquer contribuição empresarial aos partidos passou a ser taxada de propina. Possivelmente tenha feito isso de modo intencional porque, depois do primeiro governo Lula, até caixa 2 (um crime eleitoral que antes do mensalão nunca teve grandes consequências) o PT havia deixado de fazer. Ou seja, seria impossível criminalizar o partido e atingir Lula e Dilma sem criar a ideia de que as contribuições regulares e legais de campanha, assim como o caixa 2, também são atos de corrupção.

No mensalão, foi necessário inventar a teoria do domínio do fato para prender José Dirceu. Agora, era preciso taxar como corrupta toda e qualquer relação de investimento do empresariado brasileiro na política. É esta tese que está por detrás do famoso power point do procurador Deltan Dallagnol. Se esta tese vencer, e não for encontrada uma maneira eficaz e transparente de possibilitar a relação entre economia e política, o custo de qualquer obra ou serviço público vai encarecer muito.

Além de pagar lobistas a peso de ouro para tentar proteger seus empreendimentos, os empresários terão de fazer um caixa para enfrentar os possíveis percalços frente aos savonarolas de ocasião. Esses recursos terão de sair de algum lugar – ou melhor, eles serão incluídos nos custos da empresa. "Pode escrever! O custo Sergio Moro vai fazer aumentar tudo em 10 a 15%."

Não tenho claro se este percentual é uma projeção correta. Mas é certo que a operação Lava Jato está engordando de modo significativo a conta bancária de uma casta de advogados e seus amigos. No jogo do prende, delata e solta, a turma do judiciário está ficando rica.

Ao mesmo tempo, um dia depois do outro, desde 2013, o Brasil está ficando mais inviável. E é difícil saber onde e quando esta trajetória rumo ao caos vai parar. Hoje, a ideia hegemônica na população é que somos um país de ladrões que está à deriva. O descrédito, a ausência de esperança já começa a cobrar seu preço.

E o preço é alto.

COLABORAÇÃO EM TEMPOS DE GUERRA

18 jul 2017

A notícia não deveria causar surpresa em mais ninguém, considerando os personagens envolvidos. Hoje, o jornal Valor traz informação de que autoridades de investigação – americanas e brasileiras! – teriam planejado uma ação controlada sobre o presidente Michel Temer, nos Estados Unidos. Segundo o jornal, a ação só não foi consumada porque Temer não confirmou viagem que faria ao país, em maio.

O fato é mais um episódio no entorno da ação clandestina que resultou em gravações que a PGR usou para acusar o presidente Temer. Um episódio que contou com a participação do procurador Marcelo Miller, homem de confiança de Janot, ex-diplomata do Itamaraty com larga experiência em direito penal e internacional. Na linha do "modus operandi" do Enclave de Curitiba, Miller passou a trabalhar para o escritório Trench, Rossi & Watanabe Advogados, contratado pela JBS para negociar os detalhes da delação premiada.

Não é de hoje que o procurador-geral da República, Rodrigo Janot e seu fiel justiceiro Sergio Moro são flagrados operando interesses dos norte-americanos. Recentemente, Janot autorizou o monitoramento da Odebrecht por "profissionais indicados pelo MPF do Brasil e do Departamento de Justiça dos EUA" por três anos. A permissão é uma porta aberta para a espionagem dos segredos da defesa nacional, uma vez que a empresa é a cabeça do consórcio responsável pela construção do submarino nuclear brasileiro.

Não faz muito, o juiz Sergio Moro autorizou o compartilhamento de delações premiadas de empresários brasileiros com autoridades estrangeiras, em franco conflito com os interesses nacionais. Segundo matérias da imprensa, Moro autorizou conversas feitas diretamente – e novamente – com o Departamento de Justiça dos EUA, sem passar pelo Estado brasileiro, como prevê a nossa lei. A situação só veio a público, contra a vontade do juiz Moro, depois de denúncia dos advogados do ex-presidente Lula, durante os depoimentos.

Independente de tratar-se de Temer, a situação é mais um atropelo à soberania nacional, que não pode ficar sem uma resposta da PGR e de seu procurador-geral. Mais uma vez, autoridades públicas mostram-se submetidas aos interesses externos, em total desrespeito às leis nacionais, pois só o poder Executivo pode se relacionar com Estados estrangeiros. Ou mais grave ainda, em situação de guerra híbrida, posicionam-se como agentes públicos capturados, em operações francamente colaboracionistas.

A "JUSTIÇA" USA ÓCULOS ESCUROS

10 set 2017

A foto de Rodrigo Janot de óculos escuros, num canto de um bar em Brasília, em meio a engradados de cerveja, em íntimo convescote com o advogado de Joesley Batista é a imagem da falência da Procuradoria Geral da República. A decisão do ministro Edson Fachin de mandar prender apenas os empresários da JBS e deixar livre o procurador Marcelo Miller completa o cenário da absoluta decadência do judiciário brasileiro. O Supremo Tribunal Federal (STF), desde sua anuência ao golpe de Estado, tornou-se um jazigo habitado por togados insepultos, enquanto a Procuradoria Geral da República (PGR) virou um balcão de traição aos interesses nacionais e, suspeita-se, de negócios milionários.

Em 10 de junho, Giovanni Vincenzo di San Felice V, Conde de Bagnolo, colaborador do blog Senhor X, afirmou que "a recente delação bombástica do empresário Joesley Batista, da JBF, produziu um abalo de sísmicas proporções no cenário nacional, aprofundando a crise que já não era pequena". "Novos personagens foram introduzidos no cenário e, no calor dos embates sobre o destino do governo Temer; alguns permanecem como atores menores, outros no anonimato, sem a devida atenção que merecem", escreveu. Segundo ele, "a maioria dos atores políticos procura desempenhar seus papéis em torno das revelações, enquanto o governo Temer estertora, produzindo um enredo de autêntica ópera bufa".

A ópera bufa, então, está finalmente revelando o papel da PGR e de seu chefe Rodrigo Janot, assim como do juiz Sérgio Moro, em resumo, da Operação Lava Jato, na deliberada ação contra o Estado brasileiro. Não é de hoje que pesa sobre a Lava Jato a suspeição de ter sido encomendada a partir das escutas telefônicas pelas agências norte-americanas de inteligência, que espionaram autoridades e empresas nacionais. "Desde 2015, juízes do STF, além de Sergio Moro, não saem do Instituto Wilson, conhecido think tank da CIA, e uma das instituições que, através desses seminários, dentre outras atividades, deu importante apoio ao golpe no Brasil", escreveu Miguel do Rosário, em seu blog O Cafezinho.

Assim como Rodrigo Janot e Sérgio Moro em oportunidades anteriores, confirmando a regra, na semana passada foi a vez do juiz Luís Roberto Barroso cumprir o ritual da cooptação de que o judiciário nacional tem sido alvo desde algum tempo. "Para onde quer que se olhe no Brasil, onde há dinheiro público, há algo de errado. Petrobras, Eletrobras, BNDES, Caixa Econômica, fundos de pensão. Não é algo localizado", declarou o ministro em palestra no Instituto Wilson, segundo registrou o portal da BBC online. O "surpreso" e cândido ministro do STF, evidentemente, também cumpriu com a "obrigação contratual" de citar a condenação recente do ex-presidente Luiz Inácio Lula da Silva pelo crime de corrupção.

Em artigo neste final de semana, o jornalista Ricardo Amaral alerta que "não podemos perder o foco da indignação: o mal da Lava Jato não está nos delatores, sejam eles cínicos, oportunistas ou desesperados". Diz ele que "o mal está em uma exceção aberta no sistema judicial brasileiro, com o patrocínio da Globo e a conivência dos tribunais superiores, que suspende o estado direito para perpetrar a caçada contra Lula e o campo político que ele representa". "O preço é a revogação da soberania nacional e de tudo o que o povo brasileiro conquistou desde 2003", conclui ele, apontando para o centro da luta neste próximo período.

Exceto as Forças Armadas, a Conferência Nacional dos Bispos do Brasil e as entidades populares e associativas, nem todas, as instituições brasileiras estão falidas, perderam o sentido de sua existência para atender à sociedade e ao país. Qual país no mundo conviveria com uma PGR "independente" e acima do Estado Nacional, um STF acovardado e, ao mesmo tempo inútil, e uma Polícia Federal seletiva e persecutória? É hora, portanto, de aprofundar a denúncia da ação criminosa e antinacional desses setores, impedir o exercício despótico de seu poder e "refundar" uma nova ordem institucional no país.

A JUSTIÇA DOS 3 T'S
9 nov 2017

"A revolução sem sangue é aquela em que você usa as instituições dentro das suas próprias missões para mudar o caminho civilizatório do nosso país". A pérola pseudo-"pacifista" é de autoria do senhor Rodrigo Janot, em palestra no 2º Congresso Nacional dos Auditores de Controle Externo, em Cuiabá. Como o peixe morre pela boca, o ex-procurador da República acabou por definir o que ele e seus agentes de Curitiba estão fazendo com o Brasil.

As reservas de petróleo do Iraque alcançaram 153 bilhões de barris, informou o ministro do Petróleo do país, Jabar al-Luaibi, no início de 2017, segundo a mídia na época. Em 2015, segundo o Instituto Nacional de Óleo e Gás da UERJ, o pré-sal do Brasil já continha 176 bilhões de barris de petróleo e gás, o que não apenas se confirmou, mas aumentou. Os dois países estão entre os maiores detentores de reservas de petróleo do mundo, naturalmente alvos da cobiça do Império norte-americano.

Os Estados Unidos invadiram o Iraque em 2003 e, desde então, mobilizaram entre 100 mil e 150 mil soldados até 2010, quando "encerraram" a guerra. O custo do assalto ao petróleo do Iraque, sem contar a Guerra do Golfo, chegou US$ 800 bilhões, segundo o Congresso norte-americano, ou US$ 3 trilhões considerando os impactos adicionais na economia. Os mortos na guerra chegaram a mais de 100 mil iraquianos, entre civis e militares, até julho de 2010 e cerca de 4.500 mil soldados yanques.

De fato, considerando as dimensões do "custo-benefício" da apropriação da mais disputada riqueza mundial, o senhor Rodrigo Janot tem razão em suas observações. Ele também acerta quanto aos métodos utilizados, realmente bem mais "em conta" quando se refere à utilização das "instituições dentro das suas próprias missões para mudar o caminho civilizatório do nosso país". Nos dois casos, leia-se por "caminho civilizatório" a submissão econômica, a destruição do Estado e o fim da soberania nacional dos países atacados.

Em março de 2017, segundo o articulista José Carlos Lima, no portal GGN, a Operação Lava Jato já acumulava R$ 140 bilhões de prejuízo ao país, enquanto trombeteava "recuperação" de R$ 200 milhões. No mesmo artigo, o autor destacava danos de cerca de 13% do PIB, relativos aos setores de petróleo e gás, ou seja, algo na casa dos trilhões de reais. A "tempestade nos trópicos" comandada por Janot, Moro e Dallagnol, entre outros, também atingiu a indústria de defesa naval – incluindo a prisão e condenação do Almirante Othon -, e o nível de empregos.

No artigo "Duas guerras", de janeiro deste ano, escrevemos que "as duas maiores e mais agressivas guerras imperialistas em desenvolvimento neste momento no mundo ocorrem na Síria e no Brasil". "As duas, no entanto, utilizam-se de estratégias, métodos e ferramentas diferentes – uma tradicional, outra assimétrica, o que dificulta percepção dos brasileiros". Mas, dissemos que "ambas têm o mesmo objetivo, que é a destruição das infraestruturas, das forças produtivas dos respectivos países".

Também no artigo, advertimos que "no caso do Brasil, a guerra assimétrica conta com agentes internos capturados e uso das instituições, em especial do judiciário, incluindo juízes e procuradores, e da mídia". "A mídia, em especial a Rede Globo, funciona como a artilharia tradicional, atirando diariamente contra instituições, políticos e lideranças". "A Operação Lava Jato cumpre o papel de "mariners" ocupando "territórios" selecionados e destruindo segmentos industriais e lideranças empresariais e políticas", concluía o artigo.

Em seu falatório, voltando ao ex-procurador Rodrigo Janot, ele ainda tentou convencer o público presente dizendo que "o Brasil de hoje é um Brasil muito diferente de dez anos atrás". "Há dez, 15 anos atrás, todo mundo dizia: a Justiça brasileira é a Justiça dos '3 Ps'. Quem é mais velhinho aqui vai lembrar disso. É pobre, preto e prostituta", disse ele. Janot até poderia ter razão se a Justiça do "3 Ps" não tivesse se transformado na Justiça dos '3 Ts' – traição, totalitarismo (um leitor sugeriu "T" de TV Globo) e trambiques, situações cada dia mais evidentes.

ESTADO CAPTURADO
5 mar 2018

"O golpe de Estado parece inevitável, mesmo diante das manifestações internas de protesto e da opinião pública mundial contrária", questionávamos em artigo publicado em 10 de agosto de 2016. Dizíamos que "além da ausência de uma reação unitária e organizada, a exemplo da Turquia (que sofreu uma tentativa de golpe naquele momento), os golpistas parecem ter uma força 'estranha' capaz de blindá-los contra tudo e todos, além da mídia". E concluíamos que "a força, o 'leitmotiv' dos golpistas – chefes, operadores e interessados, é a força do terror, da destruição, da liquidação do Estado Nacional".

Bem, um ano e meio depois, o que naquele momento ainda parecia "teoria da conspiração" para muitos, hoje, com tudo que ocorreu desde então, é um fato, em boa parte consumado. O Estado Nacional foi capturado por interesses externos, em especial a Polícia Federal, o Ministério Público e o Sistema Judiciário, tendo a Operação Lava Jato como "cavalo de Tróia". Também o Congresso Nacional que, em sua maioria, a peso de ouro, aprovou o impeachment que depôs a presidenta Dilma Rousseff e, posteriormente, aprovou as medidas de favorecimento aos interesses externos.

Os objetivos econômicos estratégicos foram atingidos com o assalto à Petrobras e ao pré-sal, com o congelamento do Orçamento Geral da União para investimentos e com a reforma trabalhista. No terreno da Defesa Nacional, paralisaram o submarino nuclear, ameaçam comprometer a indústria aeroespacial com a negociata da Embraer e prometeram entregar a Base de Alcântara. No campo social, esvaziaram todos os programas de transferência de renda e de combate à pobreza, devolvendo milhões de brasileiros à miséria, à mendicância e às ruas.

Ainda no campo da guerra assimétrica em curso, também se deve contabilizar o ataque ao orgulho "de ser brasileiro", desmobilizador do sentimento coletivo de nacionalidade. De caso pensado e planejado, desde 2013 promovem a desmoralização dos símbolos nacionais, transferindo-os para mãos externas, antinacionais e reacionárias. Um Brasil presente no centro das articulações mundiais, com um presidente – Lula – elogiado por todos, passou a ser um pária internacional, uma republiqueta de bananas.

No momento, o imperialismo e seus braços internos apostam em tentar capturar a última e principal instituição do Estado Nacional, as Forças Armadas, por meio da política de "intervenção militar". O general Etchegoyen que ganhou a batalha interna (contra Temer) pelo comando da Polícia Federal, agora busca emplacar um nome de sua confiança, leia-se alinhado aos EUA, para substituir o general Villas Bôas. Na verdade, querem transformar as FFAA em "capitães do mato" da nova "doutrina de segurança nacional", por meio do combate ao tráfico – em lugar dos "comunistas" de antes e do "terror" no Oriente Médio.

"Soberania não está no radar das pessoas que estão dirigindo o país de maneira prioritária", disse o ex-chanceler Celso Amorim em entrevista ao portal Brasil de Fato. Diríamos mais, se os golpistas não levam em conta, é importante considerar que os setores nacionais, com raras exceções – como ele, também não compreendem o processo em curso no Brasil, na América Latina e no mundo. Vivemos uma guerra, e trata-se de uma guerra imperialista, em que a primeira lição é identificar o inimigo a se combater, sem o que é difícil arregimentar forças para o campo de batalha.

Em meio à discussão sobre eleições, novamente o imperialismo move suas peças enquanto o campo nacional se confunde em debates internos e xingamentos públicos – com a rara exceção de Lula. O que está em disputa não é mais o poder de um presidente via eleições, como foi Dilma, mas o poder real, o PODER NACIONAL, entendido como forças representativas de um projeto de País. As eleições, no caso delas acontecerem, podem aprofundar o embate entre o Brasil e as forças do sistema financeiro internacional.

É ilusão acreditar, no entanto, que qualquer nome saído das urnas, em eleições adulteradas pelo casuísmo judicial, terá condições objetivas de governar com o atual aparato de Estado capturado em todas as suas instâncias de poder. As principais instituições nacionais estão podres, corrompidas, capturadas por interesses de toda ordem, sejam corporativos ou, em especial, externos. Uma colônia é uma colônia e, como toda colônia é dominada, controlada, "governada" para atender aos interesses de seus senhores, no caso, o imperialismo financeiro, cada vez mais agressivo.

O imperialismo financeiro não tem nada a oferecer, nem mesmo para os Estados Unidos, onde Trump adota medidas para proteger sua indústria, inclusive, ou em especial, a bélica. No texto "O fim do mundo unipolar", publicado em Senhor X, destacamos que tal política de destruição dos Estados Nacionais "levará a luta de classes na região a um novo patamar muito mais agudo". Assim, para além das limitações de um ainda duvidoso processo eleitoral, é preciso construir uma ampla aliança política que sustente um Projeto Nacional de defesa da soberania, da indústria, do emprego e dos direitos sociais.

LULA: OS AMERICANOS ESTÃO POR TRÁS DE TUDO

2 mar 2018

"Hoje eu estou convencido de que os americanos estão por trás de tudo o que está acontecendo na Petrobras", afirmou Lula em entrevista para a jornalista Mônica Bergamo, no jornal Folha de S. Paulo. "Porque interessa para eles o fim da lei que regula o petróleo, o fim da lei que regula a partilha. O Brasil descobriu a maior reserva de petróleo do mundo do século 21. E não se sabe se tem outra".

Lula ainda chamou a atenção para as manifestações de 2013. "Não sei se você já tem uma compreensão sociológica de junho de 2013 [mês de grandes manifestações no país]", questionou ele a repórter.

"O Brasil virou protagonista demais. E ali eu acho que começava o processo de tentar dar um jeito no Brasil", continuou. "Como diria meu amigo [e ex-chanceler] Celso Amorim, eu não acredito muito em conspiração. Mas também não desacredito".

Na sequência, a repórter perguntou: "O senhor faz uma conexão entre tudo isso e o que acontece com o senhor agora?" "Faço. E se estiver errado, vou viver para pedir desculpas".

"Mas o senhor acha, por exemplo, que os procuradores da Lava Jato vão aos EUA e se reúnem com um mentor?", questionou a repórter. "Eu acho", respondeu Lula. "Agora mesmo o Moro está lá [no exterior] para receber um prêmio dessa Câmara de Comércio Brasil-EUA. Ele foi lá para ficar 14 dias. Eu já recebi prêmios. Você vai num dia e volta no mesmo dia", disse.

"Ô, querida, não me peça provas de uma coisa que eu não tenho. Eu estou apenas insinuando que pode ser, tal é a proximidade do Ministério Público com a Secretaria de Justiça dos EUA", completou Lula.

A ANTESSALA DA GUERRA ANTICOLONIAL

17 mar 2018

"O imperialismo norte-americano não tem nada a oferecer ao mundo atualmente, a não ser promover o esfacelamento dos Estados Nacionais. Assim como fez no Iraque, na Líbia, e segue fazendo em outros países, como a Ucrânia, a Síria e a Turquia, com suas revoluções "coloridas" e golpes judiciais-parlamentares-midiáticos. Movido por um espírito cada vez mais bélico, para tentar salvar-se da catástrofe, os Estados Unidos apostam na destruição das forças produtivas, das instituições democráticas e dos direitos sociais".

Um retrato futuro que se confirma atualmente, o texto acima faz parte do artigo "O golpe é para destruir o Estado e o Poder Nacional", publicado em 10 de agosto de 2016, em Senhor X. Uma realidade, com ações e fatos, que se torna mais evidente a cada episódio do roteiro de um Homeland tropical, escrito desde um bunker qualquer além fronteiras nacionais. Até mesmo os mais incrédulos parecem surpresos com a obviedade do caráter do golpe, descrita, por exemplo, nas exemplares entrevistas dos jornalistas Pepe Escobar e Brian Mier ao Brasil 247.

Se Sérgio Moro, Rodrigo Janot e a Lava Jato cumpriram a primeira parte da "missão", que foi destruir as bases econômicas, sociais e, mesmo políticas, do Estado brasileiro, agora avançamos para o segundo episódio da trama. Ou seja, a consolidação da submissão, do Estado-colônia aliado econômico e geopolítico dos Estados Unidos e dos interesses do capital financeiro. O novo passo, ao que parece, foi inaugurado com o assassinato da vereadora do PSOL carioca, que a Globo tenta hipocritamente capturar para desviar a agenda da luta contra o golpe.

A entrevista do ministro-chefe do Gabinete de Segurança Institucional (GSI), general Sérgio Etchegoyen, é tão redundante em obviedades quanto objetiva em seus recados sobre o que estão planejando. Em nome do combate à violência, ele ataca a Constituição no tema do julgamento em segunda instância, ao mesmo tempo em que critica o "uso" político do assassinato. Essas e outras observações sugerem um claro objetivo de avançar no terreno da imposição de uma "nova ordem" no terreno da segurança "pública" no Brasil.

Enquanto Trump entrega comando das relações exteriores ao diretor da CIA, aqui está em curso a tentativa de instalar uma nova "doutrina de segurança nacional", atualizando a mesma lógica imposta no período da Guerra Fria. Naquele momento, o mote central era o combate aos comunistas, depois, no Oriente Médio, passou a ser o combate ao terrorismo internacional e, agora, é o combate às drogas. Nesse jogo, no entanto, os papéis seguem os mesmos, com os Estados Unidos posando de protetor externo, enquanto apostam empurrar as Forças Armadas para cumprir o papel de "capitães do mato".

Também em artigo anterior, "Homeland tropical", apontamos para a real intenção da intervenção, fato que se confirma quando os jornais noticiam que, passado um mês, não existe nem plano, nem recursos para os militares agirem. O teatro montado cumpre nova etapa do plano de "terror psico-social" das guerras assimétricas imperialistas, escrevemos. Dissemos ainda que, ao ativar o instrumento da "intervenção militar", o comando central do golpe buscava antecipar apoios, argumentos e instrumentos "legais" para reprimir a crescente reação popular, em especial diante de possível prisão de Lula.

O assassinato encomendado da vereadora carioca, ainda com autoria duvidosa, traz à tona uma série de temas como, por exemplo, o caráter planejado e profissional da execução e a procedência das balas utilizadas. Isso extrapola os limites da investigação apenas local e coloca sob suspeita um conjunto de instituições nacionais, já fartamente comprometidas com o golpe de Estado e seus patrões externos. Em apenas dois dias, por exemplo, o governo já apresentou duas explicações diferentes para a origem das balas da Polícia Federal que mataram Marielle Franco.

Alguém disse que os tiros que mataram Marielle Franco e o motorista Anderson Gomes também feriram as Forças Armadas, empurradas para uma intervenção que boa parte dos militares é contrária, como reiterou diversas vezes o Comandante do Exército, General Villas Bôas. O fato concreto é que os militares estão no Rio de Janeiro, em meio ao tiroteio, no centro de uma disputa que vai além da garantia da segurança pública. Com alto risco de desmoralização, às Forças Armadas brasileiras cabe definir seu papel, se aceitam a função de serviçais do sistema financeiro, ou se defendem a soberania nacional.

O golpe, portanto, avança para tentar consolidar-se com a prisão de Lula, o afastamento definitivo de Temer e o adiamento das eleições de 2018, para sabe-se lá quando. A tentativa de captura da agenda nacional pela Globo, como fez em 2013, aliada aos movimentos claros do Judiciário e do Parlamento, e a incapacidade dos golpistas de construir um candidato viável, acenderam a luz amarela em diversos setores da mídia. Como sempre, desde 2013, pelo menos, é decisivo compreender o caráter do golpe, identificar definitivamente seu "comando central", seus objetivos e ajustar as formas de combate.

É ilusão acreditar que a reconstrução do País, ou do que vai sobrar dele, ainda pode se dar dentro do terreno da atual institucionalidade, com suas instituições apodrecidas e corrompidas pelos interesses externos. As forças políticas seriamente comprometidas com o futuro do País devem forjar um programa de defesa da Nação e, a partir dele, convocar todos os setores democráticos e patrióticos e mobilizar o povo para, ao que parece, uma inevitável guerra anti-colonial. E queiram ou não, gostem ou não, a figura de Lula é o centro popular, nacional, internacional da defesa do Brasil, dos direitos coletivos e individuais, da soberania, da reconstrução do País.

REDE GLOBO ENTREGA O
JOGO ANTINACIONAL DA LAVA JATO
24 mar 2018

Enquanto Lula e sua caravana derrotavam o fascismo em grande ato em São Leopoldo, na região metropolitana de Porto Alegre, no Rio Grande do Sul, a Rede Globo, no Jornal Nacional, confessava o caráter "americano" da perseguição ao ex-presidente.

Em seis minutos passaram recibo do incômodo provocado pela denúncia do advogado de Lula, José Roberto Batochio, que acusou a existência de campanha internacional de perseguição política, citando o caso da prisão do ex-presidente Sarkozi, na França.

Em socorro da Operação Lava Jato, e para defender-se da acusação de ativismo judicial, a Rede Globo escalou a advogada Vera Lúcia Abib Chemim que afirmou que isso não ocorre "porque os magistrados e procuradores envolvidos na Operação Lava Jato têm formação acadêmica americana".

E disse mais, que por terem essa formação, ou seja, americana, "eles aplicam no seu dia-a-dia, predominantemente, a teoria do domínio do fato, a qual remete para vários atos que não são tradicionalmente utilizados no direito penal brasileiro".

Para não deixar dúvida, a integra da declaração:

"A questão do autoritarismo remete muito ao conceito do ativismo judicial, quando se diz que o juízo, o magistrado, vai aplicar além da lei, de acordo com aquilo que ele pensa que é o correto, o que é o mais justo. Então, o conceito de ativismo judicial é muito ligado ao autoritarismo. O que acontece é que os magistrados e procuradores envolvidos na Operação Lava Jato têm formação acadêmica americana, o que significa que eles aplicam no seu dia-a-dia, predominantemente, a teoria do domínio do fato, a qual remete para vários atos que não são tradicionalmente utilizados no direito penal brasileiro. Também tem argumentos constitucionais, fundamentos constitucionais, e também argumentos supralegais que fundamentam os atos de seus magistrados e de seus procuradores".

O PREÇO DA TRAIÇÃO
21 abr 2018

A prisão de Lula, determinada pelo jagunço do Império, liberou, definitivamente, o assalto ao Brasil, como poucas vezes se viu em nossa história. Se nos tempos de Tiradentes, a espoliação foi brutal, hoje ganha contornos ainda mais graves. Não se trata apenas de "privatização", estão transferindo infraestruturas estratégicas, como o sistema Eletrobras, para outros países, outros Estados.

Apesar da dificuldade nacional em entender isso, mesmo entre as lideranças, o golpe é "americano", patrocinado pelo sistema financeiro e agências externas. O mais grave de tudo isso, no entanto, é que tal assalto aos interesses nacionais conta com o patrocínio interno, aberto ou velado. O sistema judiciário, partidos políticos, a Rede Globo e, por último, até mesmo as Forças Armadas, se alinharam ao ataque externo.

O que explica, por exemplo, as Forças Armadas desrespeitarem a sua missão constitucional número um, que é defender a soberania do país? E o judiciário render-se às ordens do Departamento de Estado dos Estados Unidos e suas "teorias" jurídicas? E a mídia, em especial a Rede Globo, transformar seu noticiário e jornalistas em mísseis e "mariners" a serviço dos bancos?

As instituições nacionais estão falidas, como se tivessem sido atingidas pelas bombas que os Estados Unidos jogaram sobre a Síria. Não sobrou "pedra sobre pedra" de nenhuma delas, impondo que passem por mudanças profundas e radicais. O judiciário tem que ser eleito de alto a baixo, a mídia precisa ser regulada com rigor e as Forças Armadas devem retomar suas funções de defesa da Nação.

Quando do impeachment, alertamos que diversos setores iriam para o lixo da história, caso abdicassem dos interesses nacionais. "Se ainda não entenderam, esta é a última valsa dos traidores e vende-pátrias", dissemos lembrando que o Brasil jamais seria uma colônia norte-americana. Pois, ao que parece, amplos segmentos institucionais, econômicos e políticos resolveram cavar sua sepultura.

O que estão fazendo ao Brasil e aos brasileiros é um crime de lesa-Pátria pelo qual, mais cedo ou mais tarde, pagarão muito caro. Aos poucos, as pessoas estão entendendo o papel de cada um na história, quem está do lado de quem. E a reação popular nesses casos, é bom que saibam disso, fará com que cada traidor lembre de Joaquim Silvério dos Reis, de quem não sobrou sequer o túmulo.

Diferente de outros momentos, inclusive do golpe de 64, os Estados Unidos e o sistema capitalista mundial não têm nada a oferecer. O golpe é de saque das nossas riquezas, de destruição das forças produtivas, de escravização dos trabalhadores. Alinhar-se, ou render-se aos Estados Unidos e ao sistema financeiro é mais do que ilusão, é covardia cívica ou traição nacional, ou as duas coisas.

Ilude-se quem acha que impedirá que o "fio da história" siga seu caminho, como definiu José Dirceu. "A roda da história começa a mover-se e, destes conflitos vindouros, o futuro dos povos e Nações estará em jogo", dissemos no texto "O fim do mundo unipolar", de Felipe Camarão. Portanto, senhores golpistas e traidores, sejam bem-vindos à antessala da segunda Guerra Brasílica – popular, anticolonial e antiimperialista.

LIBERTAR LULA E O BRASIL
10 jun 2018

"Não fui tratado pelos procuradores da Lava Jato, por Moro e pelo TRF-4 como um cidadão igual aos demais. Fui tratado sempre como inimigo", afirmou Lula em seu Manifesto ao Povo Brasileiro divulgado no ato de lançamento de sua candidatura, em Contagem, Minas Gerais, nesta sexta-feira, 8 de junho.

Durante a semana, a senadora e presidenta do partido Gleisi Hoffmann, em pronunciamento no plenário do Senado Federal, fez a mais grave e contundente advertência sobre o estágio da crise nacional ao destacar que, sem Lula, o país continuará à deriva rumo ao completo caos social, econômico e político.

Após o pronunciamento e o lançamento da candidatura do PT, o comando central do golpe reagiu de forma violenta, com o STF liberando para julgamento um fraudulento processo da Lava Jato contra Gleisi, e a Família Marinho, por meio de seu pasquim O Globo, exigindo dos demais pré-candidatos que não assumam compromisso com indulto para Lula.

A agressividade dos golpistas é a principal característica do imperialismo, próprio de suas guerras de destruição e espoliação, como se verificou no Iraque, na Líbia e, mais recentemente, na Síria, e que se repete no Brasil com a substituição de ataques aéreos, bombas e "mariners" pelo colaboracionismo do judiciário e da mídia.

"O imperialismo reage com uma política de recolonização selvagem, com a quebra de direitos sociais, privatizações, fim do ensino gratuito e dos serviços de saúde, com os estados postos a serviço do capital financeiro", alertamos no blog Senhor X, no texto "O fim do mundo unipolar", de Felipe Camarão.

"Tal política levará a luta de classes na região a um novo patamar muito mais agudo. O custo econômico e social de tal projeto fará emergir poderosos movimentos de defesa nacionais contra essa regressão colonial", pontuou Camarão, no artigo publicado em abril de 2016, antecipando a situação atual.

O que estamos vivendo é uma guerra de destruição, que tem como método desarticular o Estado Nacional, capturar o judiciário, desmoralizar suas instituições, criminalizar o mundo político, transformar as FFAA em capitães do mato e submeter os trabalhadores à escravidão para assaltar as riquezas do países.

A compreensão desse quadro geopolítico é fundamental para entender não apenas porque Lula é "o inimigo número 1", mas também porque, aliás, exatamente por isso, é a única "instituição" política viva e postada no campo da batalha real, cara a cara com o inimigo que ameaça aprofundar ainda mais a "tempestade perfeita" contra o Brasil.

Ainda no período pré-golpe, setores políticos expressavam preocupação em evitar a radicalização do confronto para que o Brasil "não virasse uma Venezuela", no que acabou se transformando – como alvo, sem a mesma clareza do processo político dos "bolivarianos" e, pior, também sem a mesma capacidade de responder corretamento ao inimigo.

A nova pesquisa do final de semana confirma a sabedoria do povo que, mesmo com Lula condenado e preso, e depois de três consultas dos institutos golpistas, continua apostando em sua liderança como alternativa não apenas eleitoral, mas de poder para defendê-lo da nova escravidão que o Império pretende impor.

Atualmente, existem apenas dois lados, os dos invasores, dos traidores e quinta-colunas, e o lado do Brasil, tendo Lula no comando da luta anti-neocolonial, pois afinal é da história que, com uma Nação ocupada e seus próceres capturados, o candidato do povo esteja preso por ordem do Império.

Assim, é fundamental assumir a responsabilidade coletiva de organizar a mais ampla Frente Popular de Libertação Nacional, ou como queiram chamar, cobrando de todos os segmentos compromisso com o Brasil, com a soberania, com nossas riquezas, com a liberdade e com o futuro da Nação ameaçada em sua existência.

O INIMIGO VESTE TOGA
21 jul 2018

O novo presidente do México, Andrés Manuel López Obrador, eleito recentemente em votação histórica, já entrou na linha de tiro do judiciário imperialista. Seu partido, Morena, foi multado em 197 milhões de pesos, sob uma torpe alegação, já característica dos sistemas judiciários da América Latina. A acusação é o partido ter apoiado com dinheiro as vítimas do terremoto que atingiu o país. Obrador denunciou a medida judicial como "una vil venganza".

A sequência de ações judiciais contra as lideranças populares da América Latina evidenciam um esquema articulado desde os centros de poder externos. Já se fala em nova "Operação Condor", apontando para a existência de uma ação comum na região. O que antes era planejado e executado por militares, fora e dentro dos países, agora é obra de togados. No Brasil, por exemplo, o golpe foi dado "com o STF, com tudo".

Não precisa ser muito esperto para juntar os pontos da trama. Deram o golpe judicial-parlamentar no Paraguai, derrubaram Dilma e prenderam Lula, perseguem Cristina Kirchner, atacaram Rafael Correa e, agora, miram em Obrador. Por trás dos alvos, a destruição dos Estados nacionais e a rapinagem, em especial do petróleo. Onde tem resistência mais aguerrida, como na Venezuela e Nicarágua, apelam para o terrorismo.

Em algum momento, os interesses que tentam salvar o imperialismo do desastre anunciado confluíram para esta fórmula "mágica" – por necessidade e economia. A guerra do Iraque, com custo em torno de US$ 1 trilhão, não compensou o "investimento". Tornou-se mais fácil e barato apelar para a espionagem, a cooptação, a captura e a chantagem. Assim, em menos de uma década, os judiciários nacionais foram corrompidos.

A "teoria dos fatos" demonstra que a luta deixou de ser paroquial, exigindo a superação da visão caipira do mundo. O Brasil está no centro da disputa geopolítica, assim como toda a América Latina. Os Estados Unidos foram derrotados na Síria pelos russos e a economia norte-americana e imperial está falida. A luta agora é nacional e antiimperialista para e defender as soberanias locais e impedir a rapinagem regional.

Na ditadura, hoje se sabe, o Pentágono, a CIA e os militares norte-americanos davam as cartas. Havia interlocutores, comandos dos dois lados e executares internos, preparados e treinados. No novo esquema, está ficando claro quem são os principais operadores internos capturados. Resta identificar o centro de comando, quem planeja, treina, articula e define os momentos das ações.

É urgente, portanto, assumir que a luta extrapolou os limites nacionais do Brasil, ou de qualquer outro país. É fundamental identificar e denunciar os "biombos" construídos pelo "estado ampliado" dos EUA, seus métodos de atuação. As diferentes articulações em cada país, seus principais operadores e a movimentação de seus agentes. A farda mudou de cor e de métodos de atuação.

PRISIONEIRO DE GUERRA

31 jan 2019

A decisão da Lava Jato, da PF, do TRF-4 e, por fim, do STF de negar o pedido de Lula para ir ao velório do irmão fez cair a máscara de quem, de fato, está dando as cartas no país. Sem delongas, os mesmos que cevaram dentro e fora dos quartéis a candidatura do capitão indisciplinado e que, no final, enquadraram o STF para afastar Lula da eleição. A cínica decisão final do ministro Toffoli de "determinar" o encontro de Lula com os familiares – e o irmão morto – em um quartel tornou-se uma cretina e redundante simbologia.

Na queda de braço desses dias, tornou-se evidente e definitivo, se ainda restava alguma dúvida, que Lula é prisioneiro político do Exército brasileiro, transformado em força de "ocupação externa". Assim como no tempo da ditadura, a Operação Bandeirante (OBAN) de agora é a masmorra da Polícia Federal de Curitiba, de onde Lula não pode sair, nem para ir ao velório de um familiar. E para sair, mesmo superando todas as manobras e espertezas judiciais, não pode ir além dos limites dos muros de um quartel, como deixou clara a decisão de um STF submetido aos militares.

O "pensamento do Exército" – de Bolsonaro, Mourão, Heleno e outros – cevado em longos trinta anos de ócio e rancor nas casernas é o que orienta o atual governo. O ministro da Educação, Ricardo Vélez Rodríguez, que diz que "universidade para todos não existe", por exemplo, é filósofo e professor emérito da Escola de Comando e Estado Maior do Exército. O que destaca a maioria dos generais assentados no poder é uma missão externa de um lado e, de outro, um baixo compromisso com os interesses nacionais.

Também faz parte do manual dos novos golpistas retomar o papel de inimigos número 1 do povo, imposto pela Guerra Fria nas décadas de 60, 70 e 80, principalmente. Abandonam sem corar os ensinamentos do general Ernesto Geisel na política externa, alinhando-se servilmente aos interesses econômicos e geopolíticos norte-americanos. A sucessão de gestos submissos vai da continência à bandeira dos EUA aos salamaleques ao pistoleiro John Bolton, chegando ao fiasco de "dar o lado" para a missão do Exército de Israel brilhar (#sqn) na tragédia de Brumadinho.

Ainda, para completar o cenário, apostam em embarcar na aventura de uma criminosa guerra contra a Venezuela – que, ao contrário daqui, resiste com as FFAA do lado da Pátria. Na contramão da história da diplomacia brasileira, submetem-se às ordens de Trump que tenta salvar-se da derrota na Síria e na Turquia transferindo seu terror belicista para a América Latina. Com isso, ameaçam envolver o Brasil em uma tragédia continental anunciada, e transformar o povo em bucha de canhão de interesses alheios.

O medo de Lula, a insistência em torná-lo invisível, é expressão da tentativa de impedir que a sociedade perceba as maldades que eles pretendem fazer com o povo nestes próximos anos. Até agora, só falam na liberação das armas – "promessa de campanha do presidente", como diz o general Mourão – e reforma (corte de direitos) da Previdência e privatizações. Nada que aponte para o desenvolvimento, para a geração de empregos, para melhoria da saúde, da educação e da segurança.

Única instituição viva no país, e prisioneiro da guerra imperialista contra o Brasil e a América Latina, Lula tornou-se ainda maior aos olhos da Nação e do mundo diante da covardia cometida contra ele. A dignidade de Lula reflete a grandeza do povo e, ao mesmo, expõe a fragilidade política e a falência moral da maioria das autoridades investidas de poder atualmente. Por sua vez, o "partido do Exército" somou mais um item na já extensa conta de malefícios que, a seu tempo, o povo cobrará na intensidade das afrontas acumuladas.

ADEUS ÀS ILUSÕES,
O FUTURO CHEGOU
21 jan 2019

A constatação de que o governo Bolsonaro (já) acabou é insuficiente para explicar a atual conjuntura, as consequências imediatas e os desdobramentos futuros. Sem considerar o que está ocorrendo inserido no quadro geopolítico internacional não se chegará a lugar nenhum. O Brasil zerou um período histórico, social, econômico e político, não tem solução dentro dos atuais marcos paroquiais institucionais e políticos.

A operação Lava Jato que levou Sérgio Moro ao governo, na raiz do projeto golpista, tinha como alvo afastar o Brasil do BRICS, fragilizar a economia nacional e tirar Lula da cena política. Não por acaso, os ataques iniciais foram contra o almirante Othon e o submarino nuclear, a Odebrecht e a indústria de ponta e Lula, o poder popular. Na reta final, a CIA orientou uma campanha contra a imagem do general Ernesto Geisel, para bloquear reações nacionalistas.

O resultado do processo é a absoluta falência de todas – todas! – as instituições de Estado, em especial as FFAA, o Poder Judiciário e a Polícia Federal, por diversas razões. O caso mais grave, sob "comando" do Exército, as FFAA viraram um partido, comprometendo seus dois principais valores, a disciplina e a hierarquia. Capturado pela ideologia e manipulado por outros interesses, Moro transformou a justiça brasileira em um puxadinho do Departamento de Justiça dos EUA.

Diante disso, a única instituição viva, que simboliza a Nação, resgata sua história, representa seu povo, com reconhecimento mundial se chama Luis Inácio Lula da Silva. Mais grave do que um ato de covardia ou traição, subestimar o papel de Lula é ignorar o processo de profundas mudanças em curso no país, na América Latina e no mundo. Não existe solução para qualquer crise, em país nenhum, que passe ao largo de seu principal líder, das suas ideias, da sua liderança, do seu poder político.

O governo Bolsonaro é apenas a tentativa, um atalho, para salvar um golpe de Estado que teve como base a traição nacional. O servil alinhamento aos Estados Unidos, ou à administração Trump, aposta em levar a aventura adiante, reunindo comerciantes internacionais de armas, zumbis da guerra fria, da TFP e do CCC. O que de pior existe na sociedade brasileira entrou na arca de Noé, com direito a teóricos da terra plana e outras barbaridades.

O mundo unipolar acabou, e "as grandes placas tectônicas do mundo começaram a mover-se", escreveu Felipe Camarão, em artigo em Senhor X, em abril de 2016. "A crise que eclodiu em 2008 está muito longe de ser superada e aguarda uma nova e mais letal explosão, com desfecho recessivo muito mais profundo", dizia ainda o texto. É o que, três anos depois, se verifica com previsões econômicas ainda mais dramáticas para o mundo inteiro.

Adentramos a uma nova fase histórica do país, um período de definitivo ajuste de contas na sociedade que resultará em novos patamares e valores internos sociais, econômicos e democráticos e reinserção independente no mundo. A realidade está impondo um "adeus às ilusões" à incompreensão da questão nacional, à subestimação das disputas geopolíticas e outros dogmas. O inimigo, por sua vez, entrincheirou-se do lado perdedor, como nunca fez o Brasil em sua história na política internacional.

É preciso, então, avançar na construção de um Projeto de Nação, que incorpore o conjunto do povo e das regiões em seu desenvolvimento, especialmente a região Norte e a Amazônia. Um projeto que reconfigure as instituições com Forças Armadas profissionais para defender o Estado – e não atacar seu próprio povo – e um judiciário eleito pela população. Um projeto que, definitivamente, retire das mãos da direita a ideia de que apenas eles representam a Nação, o Brasil, e são "donos" da bandeira.

A "CABEÇA" DE LULA
9 mar 2019

"Estão valendo 129 contos", dizia a manchete do jornal "A Batalha", do Rio de Janeiro, em 10 de novembro de 1933, referindo-se à recompensa (atualizada, na época) pelas "cabeças" de trinta e sete cangaceiros – entre eles, Lampião. Segundo o jornal, "o capitão João Facó, chefe de Polícia, aprovou a tabela de preços organizada pelo tenente Manoel Campos de Menezes, e já posta em vigor para quem trouxer as cabeças dos bandoleiros".

Em 1789, o Império pagou ao traidor Joaquim Silvério dos Reis pela cabeça de Tiradentes "uma certa quantidade de ouro, o perdão das dívidas fiscais, a nomeação para o cargo de Tesoureiro das províncias de Minas Gerais, Goiás e Rio de Janeiro, uma mansão para moradia, pensão vitalícia, título de Fidalgo da Casa Real, fardão e hábito da Ordem de Cristo e, ainda, um encontro em Lisboa com o Príncipe Regente Dom João".

Antes ainda, em 1632, outro traidor, Domingos Fernandes Calabar, por ocasião da invasão holandesa, cruzou o alambrado para o lado dos inimigos "por ambição, desejo de alguma recompensa ou maior reconhecimento entre os invasores, convicção de que estes seriam vitoriosos ao final, ou mesmo por supor que aqueles colonizadores trariam maiores progressos à terra que os portugueses", segundo a enciclopédia Wikipedia.

Em março de 2019, a decisão da juíza Gabriela Hardt valida o acordo entre a "República de Curitiba", liderada pela força-tarefa da Lava Jato, e os Estados Unidos – sem respaldo em nenhuma lei brasileira – para receber R$ 2,5 bilhões da Petrobras, valor apresentado como prêmio para promover o "combate à corrupção" em território nacional.

Diz ainda o despacho da juíza Hardt, autorizando a transferência dos recursos para uma "fundação", que "caberá ao MPF adotar as providências necessárias à formação do Comitê, apenas informando o Juízo quem são as pessoas que o integrarão e quais foram os critérios de seleção". E diz mais, que "depois de constituída, a composição e gestão da fundação não se sujeitarão à prévia franquia jurisdicional".

Em 27 de novembro de 2016, escrevemos em Senhor X que vivíamos uma tentativa de implantação de um enclave externo em território nacional, que os próprios procuradores batizaram de "República de Curitiba", com base na operação Lava Jato – disparada a partir das espionagens da NSA, segundo os vazamentos do Wikileaks.

Na época, chamamos a atenção para a decisão do Tribunal Federal da 4ª Região que passou a considerar que a Operação Lava Jato não precisaria seguir as regras processuais comuns, por enfrentar fatos novos ao Direito, o que parece ter a sua consequência maior neste momento em que agem – agora financeiramente – ao arrepio das leis nacionais.

O comportamento de "enclave" também se verificou quando, desrespeitando acordo internacional entre o Brasil e os Estados Unidos, os procuradores da Lava Jato terceirizaram as delações obtidas na operação para instituições norte-americanas, o que certamente contribuiu para chegar ao "acordo" financeiro atual.

Em outro artigo de Senhor X, "A ousadia dos canalhas", lembramos do que disse o ex-Procurador-Geral da República, ministro e presidente do Supremo Tribunal Federal, José Paulo Sepúlveda Pertence, ao presidente José Sarney, quando se despediu do cargo: "Eu não sou o Golbery, mas também criei um monstro", referindo-se ao Ministério Público Federal.

Superada a ilusão republicana de setores que defendiam, ou relativizavam seus efeitos, a Operação Lava Jato não deixa mais nenhum dúvida que cumpriu o papel de destruir a economia nacional, atacando seus setores de ponta e seus players internacionais, desde a energia nuclear, passando pelo petróleo, pela indústria de infraestrutura, até o agronegócio, o que resulta no desastre que se verifica atualmente.

O prêmio, o troféu maior, como nos exemplos anteriores, tem nome, papel na história e desafia o trem pagador de recompensas: se chama Luiz Inácio Lula da Silva, LULA, a única instituição nacional que, apesar da intensa e criminosa perseguição, sobrevive ao processo de destruição do Brasil a mando do Império decadente.

MORO É O "HACKER"

22 jun 2019

Apesar de esfarrapadas, as explicações do ex-juiz Sérgio Moro para as conversas com os "agentes" operacionais da Lava Jato, divulgadas pelo site The Intercept, são elucidativas. Elas não só evidenciam quem comanda a operação Lava Jato, mas definitivamente deixam claro seu papel e das ações patrocinadas nos últimos três anos.

O ex-juiz Sérgio Moro diz insistentemente que as conversas, mesmo que havidas na forma como foram divulgadas, são resultado da ação de um "hacker" que teria não apenas capturado o conteúdo, mas também adulterado os textos, introduzindo palavras, diálogos e situações indevidas.

Na verdade, o Ministro da Justiça tem consciência que sua tese é uma armação. Uma invenção da "inteligência" dos EUA, com beneplácito da ABIN e PF para acobertar a maior fraude judicial da história do país. Um processo que, com apoio da grande mídia corporativa, destruiu a economia, sabotou as eleições presidenciais de 2018 e mantém preso injustamente e sem provas o ex-presidente Lula.

Mas a fala do ex-juiz Sérgio Moro é providencial ao trazer para o debate a figura do "hacker" que, segundo a Wikipedia, "é um indivíduo que se dedica, com intensidade incomum, a conhecer e modificar os aspectos mais internos (de dispositivos, programas e redes de computadores)".

E, diz ainda a enciclopédia online, completando a definição, que "graças a esses conhecimentos um hacker frequentemente consegue obter soluções e efeitos extraordinários, que extrapolam os limites do funcionamento normal dos sistemas como previstos pelos seus criadores".

Quer dizer, se existe um "hacker", Sérgio Moro é o verdadeiro "hacker". É ele o individuo que, "com intensidade incomum, extrapolou os limites do funcionamento normal dos sistemas". No caso, o Brasil, suas instituições, seu sistema de defesa, sua indústria, sua economia, enfim, a institucionalidade de uma Nação.

Sérgio Moro "hackeou" o sistema judicial brasileiro. Por um lado, estabeleceu a falsa tese da "teoria do fato". Por outro, em parceria com o TRF-4, afirmou a tese de que a Lava Jato tem "excepcionalidade (legal) relativa" para operar além dos limites da Constituição Federal e das leis nacionais.

Com base em informações privilegiadas, Moro "hackeou" a indústria, a tecnologia e a inteligência nacional, em especial a Petrobras, construídas e acumuladas por décadas. Em poucos anos, a operação lesa-Pátria devastou a economia, empurrando o PIB para próximo de zero e levando milhões de brasileiros para o desemprego, a miséria e a fome.

O ex-juiz de primeira instância, com a conivência das Forças Armadas, em especial do Exército, também "hackeou" a Defesa Nacional ao prender o Almirante Othon, responsável pela construção do submarino nuclear brasileiro, principal instrumento para proteger o defender o pré-sal da costa do país.

Aliando-se politicamente a milicianos declarados e militares despidos da farda que assaltaram o governo, "hackeou" o Ministério da Justiça. Autoridade máxima na área, acoberta o "caso Queiróz", silencia a respeito das investigações da PF sobre o assassinato da vereadora Mariele Franco e outros crimes cometidos cotidianamente em decorrência dos estímulos públicos de seu governo.

Por fim, o então juiz "chefe supremo" da operação Lava Jato "hackeou" o processo eleitoral, a vontade soberana de milhões de brasileiros, para afastar um candidato, eleger outro e, ainda, tornar-se ministro do presidente eleito para ampliar seus poderes às entranhas do aparelho de Estado.

Acuado pelas denúncias do site The Intercept, Moro apela para quem sempre bancou suas ações. Ou seja, os parceiros norte-americanos, destino de suas sucessivas e nebulosas viagens, e sede da NSA (National Security Agency), a fonte das escutas telefônicas que, suspeita-se, deram origem à operação Lava Jato.

Segundo informação do próprio Ministério da Justiça, Moro tem missão nos Estados Unidos de 22 a 27 de junho, onde fará uma série de visitas aos órgãos de segurança e inteligência do país, segundo eles, "com o intuito de reunir experiências e boas práticas para fortalecer as operações integradas no Brasil".

A Operação Lava Jato, portanto, nunca existiu para combater a corrupção, nem seu chefe trabalhou por isso, mas para destruir as conquistas da Nação brasileira e alinhar o Brasil aos Estados Unidos e aos seus interesses estratégicos na América Latina, incluindo cumprir o papel de "guarda pretoriana" do império na região.

EXTRA

UM GOLPE MIDIÁTICO 2.0 CONTRA O BRASIL

20 abr 2016

Onde tem petróleo e gás, tem guerra imperialista, como todos sabem. Não é diferente no Brasil, país detentor da maior reserva descoberta de petróleo do mundo moderno – o Pré-Sal. No Oriente Médio, especialmente, a tática utilizada é simples e direta ao ponto. Criminalização das lideranças políticas, desmoralização internacional do país e do povo, bombardeios aéreos e ocupação territorial.

No Brasil, isso torna-se impossível diante da dimensão continental do país e da quantidade de capitais populosas. Então, a guerra é virtual, com "primaveras", tecnológica, política, no momento eleitoral, com uso de todas as ferramentas modernas. Portanto, estamos em guerra desde o ano passado (2013), especialmente, enfrentando e derrotando uma aliança que inclui a mídia golpista nacional e setores políticos internos.

(Em dezembro de 2014).

* Nota: Comecei a escrever este texto durante as manifestações de julho de 2013 e concluí em novembro de 2014. Para mim, ali naquele momento estava sendo gestado um golpe contra o Brasil. Não apoiei as manifestações, aliás fui contra desde o primeiro momento. Lutei no facebook, no twitter e no movimento social e político contra quem defendia e apoiava "às ruas". Inicialmente, o texto era um decálago, mas depois foi crescendo, indo até às eleições de 2014. Mais exatamente quando a Gestapo de Curitiba, em parceria com a revista Veja, pariu seu primeiro golpe. Dilma foi forte, ocupou a TV e atacou bravamente os golpistas. Temos aqui um pré-roteiro de um golpe dos novos tempos. A primeira investida, a preparação para o que estamos vivendo hoje no país. Sem bombardeios, sem mariners,

mas com a mesma violência e agressividade.

Um passo a passo (junho/2013 – novembro/2014)

01 – No dia 13 de junho de 2013, a Polícia Militar de São Paulo – lembram de como agiram no Carandiru? -, reprime de forma brutal a manifestação pacífica de estudantes, jovens e povo em geral por redução de tarifas, como já havia ocorrido em Porto Alegre, de forma até certo ponto pacífica, em ação desmedida, com evidente espírito provocador.

02 – Na quinta-feira, dia 14, quando ocorreria nova manifestação, logo após a brutal repressão da Polícia Militar de São Paulo, imediatamente é postado no Youtube vídeo de Thismr Maia, pseudônimo de Silvio Roberto Maia Junior, porta-voz do movimento Change Brazil, com o objetivo, segundo ele, de "sujar o governo brasileiro no mundo".

03 – "Por coincidência", no mesmo dia 14, os Estados Unidos anunciam a nova embaixadora no país, senhora Liliana Ayalde, vinda do Paraguai, onde recentemente havia sido dado um golpe que derrubou Fernando Lugo, com características parecidas ao que acontece aqui, e que aliás tem o mesmo perfil em todos os países latinos, maiores ou menores.

04 – Nesse meio tempo, depois de igualar o movimento organizado pelo MPL ao "PCC", a Rede Globo, por meio de seu porta-voz, Arnaldo Jabor, "pede desculpas" aos manifestantes, demarcando o início da estratégia golpista da mídia, sob o comando da Família Marinho, alinhando a partir dali as demais redes de comunicação que passaram a reproduzir a linha central do golpismo.

05 – Na mesma direção, entra em campo o fake Anonymus, em versão tucano-golpista, ao mesmo tempo em que, de forma visivelmente orquestrada, espalham-se pela rede informações, incluindo declarações de IR, ditas hackeadas, de políticos brasileiros, com ênfase no filho de Lula e outros petistas, tentando criar um clima de "queda da bastilha".

06 – No campo da manipulação da informação na Internet, os

golpistas 2.0 promovem o hackeamento do MPL (Movimento do Passe Livre), já no início das manifestações, para convocar, em nome dele, manifestações diferentes das originais em São Paulo, e postando bandeiras distintas daquelas do movimento (como a MP dos procuradores, por exemplo).

07 - A partir de então, de forma totalmente inédita na história política do país, manifestações são marcadas para ocorrerem durante a noite, estendendo-se em sua maioria até por volta de meia-noite ou mais, quando, já esvaziadas, são tomadas por bandidos de toda ordem que depredam e criam um clima de terror.

08 - Em acordo, ou não, com a mídia golpista, e com os bandidos, os organizadores das manifestações abandonam a ideia de angariar adeptos às suas ideias à luz do dia, e refugiam-se na noite com o evidente e único objetivo de gerar imagens de caos para as televisões e jornais golpistas.

09 - Também contrariando a tradição da história de manifestações populares no Brasil, "alvos" são criteriosamente selecionados, como o Itamaraty, o aeroporto de Cumbica, grandes rodovias, estádios de futebol, pequenos estabelecimentos comerciais, prédios públicos, bancos públicos, pontes como a Rio-Niterói e a de Uruguaiana (no RS com Argentina).

10 - Também de forma inédita em manifestações políticas no Brasil, manifestantes, muitos aliás, mascarados, "vestidos para a guerra", como nos clássicos filmes de seriados, tomam de assalto as marchas, de forma planejada e organizada, com a clara intenção de criar clima de desordem e destruição por onde passavam.

11 - Durante os primeiros dias das manifestações, agindo de forma articulada, a mídia golpista distribui nacionalmente, por meio de suas agências, matérias, opiniões de articulistas, coberturas de televisão, etc, tudo em perfeito alinhamento editorial, estimulando a manifestação, e fortalecendo a PAUTA DO GOLPE, especialmente voltadas para o "combate à corrupção".

12 - Ainda a mídia golpista aposta claramente na "mobilização",

tratando os arruaceiros, em cada vez maior número, de "minorias", contrariando sua prática histórica de acusar os movimentos sociais e sindicais organizados de "baderneiros" quando eles vão às ruas das grandes cidades lutar por melhores salários e condições de vida.

13 - Amparados na experiência, e provavelmente no mesmo aparato utilizado na campanha eleitoral passada (2010), explode na Internet uma articulação em rede, com presença de "centros emanadores" de informações, e personagens amplificados como o policial que convoca uma Greve Geral, ou alguém que diz que "Dilma vai fechar a Internet", entre outras atividades que se multiplicam sem qualquer questionamento.

14 - Na sexta-feira, 17, a Rede Globo insere na novela das 8, cena em que o personagem praticamente cita o ex-ministro José Dirceu, vinculando-o ao tema da corrupção, para preparar o terreno da mudança da pauta das manifestações do final de semana, especialmente no Rio de Janeiro e em Belo Horizonte, que passariam a ser "dar um basta na corrupção".

15 - Absolutamente contrária a prática política brasileira, é inserida no coração do movimento a tese da exclusão das forças políticas organizadas, ou seja, partidos, centrais sindicais, sindicatos, entidades de classe, inclusive as estudantis, das manifestações sob o argumento de que o "povo não quer bandeiras" – com o objetivo de fortalecer a ideia de "rede", ou da Rede.

16 - Em manifestação de Brasília, é preso um dos responsáveis pelo ataque ao Itamaraty, que se encontrava em situação de PRISÃO DOMICILIAR, mas estava no local, "vestido para o crime", munido de COQUETÉIS MOLOTOV, ou seja, claramente organizado, municiado e orientado para dizer que agiu por conta própria, como de fato fez quando foi preso.

17 - Uso de inocentes úteis, adeptos da "revolução 2.0", que por esquerdismo, ilusão de classe ou influenciados por parcerias externas – muitas delas atuam no Brasil, especialmente entre a juventude -, acabam dando cobertura inclusive e, por vezes, principalmente, à baderna nos finais de noite, assim amplificando o clima de "desordem revolucionária".

18 - Furada a greve geral marcada por Facebook, e vitoriosa a GREVE GERAL verdadeira, dos TRABALHADORES, a mídia golpista passa a investir contra a legitimidade do Movimento Sindical, questionando rancorosamente, com apoio de setores esquerdistas, a representatividade dos dirigentes e entidades mais combativas, ao mesmo tempo em que atuam para cooptar outros segmentos mais tradicionais e/ou oportunistas.

19 - Em regiões, não por acaso referências políticas para o país, como Porto Alegre e Rio de Janeiro, na seqüência das manifestações, movimentos de natureza esquerdista-anarquista passam a agir de forma agressiva, invadindo instituições democráticas, como na Câmara de Vereadores de Porto Alegre, Natal e Salvador, buscando criar "jurisprudência" para a inexistência do Estado de Direito.

20 - No pós-manifestações, a mídia golpista insiste em atacar 1) as instituições democráticas, os partidos, a política 2) o movimento social, o movimento sindical, os sindicatos, as centrais sindicais, com o objetivo de fortalecer a aliança Mídia + Justiça como "alternativa" de poder para o futuro, que se traduziria na candidatura de Joaquim Barbosa, o probo da República, que não vingou.

21 - Superada essa primeira onda, a operação do "golpe 2.0" prossegue com uma brutal campanha contra a realização da Copa do Mundo e/ou qualquer possibilidade de sucesso, alinhando-se praticamente à totalidade da grande mídia e os setores políticos organizados da oposição, incluindo segmentos da sociedade civil.

22 - A campanha vai até a realização da Copa, incluindo a "vaia" ofensiva na Presidenta do Brasil na abertura do evento, antecedida de toda sorte de matérias questionando prazos de obras, qualidade dos equipamentos, eficiência dos serviços como aeroportos, hotéis etc.

23 - Sob a hashtag #nãovaitercopa , a mobilização da mídia e da oposição golpista explora informações "terroristas" como "alertar" os turistas sobre riscos de "epidemia de dengue" no período da Copa, risco de assaltos, estupros e outras violências nas ruas, entre outras ameaças menores.

24 - Em meio ao insucesso das suas ações, e diante de uma Copa do Mundo vitoriosa, em Belo Horizonte, Minas Gerais, sob governos do PSB e do PSDB, em plena Copa, cai um viaduto, matando pessoas, por sorte não resultando em uma tragédia ainda maior, com evidente repercussão negativa para o evento.

25 - Frustrado o registro do "partido" da Rede, Marina Silva assume o papel de vice na chapa de Eduardo Campos, do PSB, com a expectativa de alavancar a candidatura do ex-governador pernambucano, o que não acontece.

26 - No auge da primeira fase da campanha, travados nas pesquisas, sem qualquer evidência de um possível crescimento, o avião de Eduardo Campos cai em acidente, inexplicavelmente sem caixa-preta, e sem qualquer apuração das causas até o momento (2014).

27 - A mídia golpista transforma a morte do ex-candidato do PSB em um ritual quase religioso, e elege Marina Silva sucessora, realizando e divulgando pesquisa eleitoral antes mesmo de enterro, com números superfaturados ao sabor do momento emocional.

28 - Diante da fragilidade e da decadência da campanha de Marina Silva, que apresenta um programa explicitamente neoliberal, a mídia golpista e seus mandantes externos voltam a apostar em Aécio Neves com alternativa para implementação de seus planos.

29 - No período eleitoral, ficam evidentes a manipulação das pesquisas eleitorais e o uso dos resultados como instrumento de indução dos eleitores, especialmente em São Paulo, de uma maneira ainda mais radical do que tradiconalmente ocorrera na história política do país.

30 - Os golpistas, aliados com setores da Polícia Federal e da "Justiça" brasileira, e a mídia, vazam trechos editados de depoimentos da Operação Lava Jato, para incriminar o PT e atingir sua candidatura, mas têm uma forte reação da candidata Dilma Rousseff, que termina derrotando Aécio Neves.

FERNANDO ROSA

Fernando Rosa é jornalista e produtor cultural. Edita os portais Senhor F e Senhor X - o primeiro de música, o segundo de política. É autor da trilogia Um Golpe Americano - A última Valsa dos Traidores (Vol 1), Na contramão do mundo (Vol 2) e A segunda Guerra Brasílica (Vol 3) sobre o último golpe de Estado. É também autor do livro Ondas Tropicais - A invenção da lambada e do beiradão na Amazônia moderna, sobre a música do Norte do Brasil. Ambos disponíveis na Amazon Livros.

Iniciou sua carreira jornalística nos anos setenta, atuando em entidades sindicais e populares no RS. Foi responsável pela sucursal gaúcha do Hora do Povo, nos anos oitenta. Também desempenhou as funções de repórter, redator e editor de política e economia do jornal, em São Paulo. Foi editor-assistente nacional de Economia no jornal Folha de S. Paulo.

Colaborou com as revistas Bizz, Zona de Obras (Espanha) e Brazuca (França). Produziu e apresentou o programa online A História Secreta do Rock Brasileiro na Usina do Som, da Editora Abril. É criador e organizador do festival latino El Mapa de Todos. À frente do selo Senhor F Discos, lançou vários artistas e grupos independentes. Atualmente, integra a Red de Periodistas Musicales de Iberoamérica (REDPEM).

Foi Coordenador de Comunicação do Ministério de Minas e Energia, na gestão de Dilma Rousseff. Também foi coordenador de Comunicação da Comissão Mista Parlamentar do Mercosul do Congresso Nacional. Editor do portal oficial do Governo Federal em 2015. Gerente de Monitoramento e Análise de Mídia na EBC em 2016. Editor do portal da Liderança do PT no Senado Federal, a partir de 2017.

9 781696 804738